KB168712

이노베이티브 광고

혁신의 시대 새로운 커뮤니케이션 마케팅을 위한

이노베이티브 광고

—

INNOVATINE ADVERTISING

—

박승배 김일석 나진헌 백주연 지음

도 서 출 판 대 가

프롤로그

이 책은 지금까지 우리가 알고 있던 것과는 다른, 새로운 형식의 광고에 대해 소개하고 있다. 첨단 디지털 기술력을 논하는 요즘 광고가 어떻게 변모하고 있는지, 그리고 전통적 매체에 의존해 온 광고를 새로운 시대에 적합한 형태로 바꾸기 위해서는 지금부터 무엇을 준비해야 할 것인지에 대해서도 방향을 제시하고 있다.

'이노베이티브 광고(Innovative Advertising)'는 용어 자체도 생소하고 이질감이 앞선다. 그렇지만 한 예로 우리 삶에서 모바일 인터넷이 차지하는 영역을 생각해 보자. 뉴스를 접하거나 쇼핑할 때 그리고 소셜 네트워크상에서 정보 공유에 여념이 없는 생활 방식만 보아도 뉴미디어의 영향을 받은 일상생활이 큰 폭으로 달라졌다는 것을 알게 된다. 이는 디지털 기반의 미디어가 진보한 만큼 변화의 폭에 걸맞은 새로운 마케팅 커뮤니케이션 방식이 필요해졌다는 것을 의미한다.

이 책에 등장하는 광고 캠페인들은 독특한 매체와 크리에이티브 적용으로 성공을 거둔 프로젝트들로서 일반 광고와 이노베이티브 광고의 개념 차이를 이해하는 데 많은 도움을 줄 것이다. 특히 책 중반부터는 이노베이티브 광고의 실제 사례를 보여 준다. 우리나라를 포함한 해외 각국의 다양한 캠페인이 담고 있는 메시지를 직관적 표현으로 어필하거나 때론 극적인 스토리텔링 기법으로 감동을 유발함으로써 몰입감을 높인다. 일반적으로 대중은 성공한 캠페인의 결과를 그저 브라운관을 통해 확인할 뿐 그 이면의 제작 과정은 모르는 경우가 허다하지만 광고에 대한 설명만으로도 영화 메이킹 필름이 연상될 만큼 곳곳에 녹아든 제작 과정이, 충분한 이해와 공감을 돕고 있어 의도를 파악하는

데 무리가 없다. 앞뒤 상황을 살필 수 없는 기존 TV 커머셜과 확연히 대비되는 구성의 묘미를 느끼게 될 것이며 또 그러한 점들이 바로 진정한 소비자 욕구 파악에서 비롯되었음을 알 수 있을 것이다.

Chapter 1은 달라진 소비자의 가치관과 미디어에 대해 말하는 내용이다. 세상이 변해도 크게 변했다. 좋은 물건을 만들어 남보다 싸게 시장에 내놓으면 알아서 잘 팔리던 '생산지향' 시대는 이제 막을 내린 걸까? 웬만한 상술과 마케팅으로는 고객의 눈길 한 번 끌기도 쉽지 않은 것이 물건을 만드는 요즘 기업의 형편이다. 각양각색의 기호를 가진 오늘날의 '고객'은 어떤 사람들이며 쉽게 밖으로 표현하지 않는 그들 마음속 진심은 어디를 향하고 있는가? 제조 기업이 시장과 소비자를 대하는 방식도 바뀔 수밖에 없다. 소비자 행동 패턴에 주목하는 것은 이미 기본 항목이 되었으며 판매와 더불어 서비스까지 책임져야 하는 마케팅 패러다임의 전환기 즉 '고객지향'의 시대에 진입했음을 말하고 있다.

Chapter 2는 변화하는 트렌드에 맞는 바람직한 아이디어 제시 방법과 실행 능력 중심 조직 구조 그리고 코카콜라가 추구하는 Contents Excellence의 핵심 내용을 다룬다. 좋은 아이디어를 내기 위해서는 이미 존재하는 것들로부터 추출하고 다듬는 과정이 필수이며 신속한 대응을 위해 필요한 5가지 조건이 필요하다고 말한다. 또한 디지털 시대의 광고회사가 갖추어야 할 합리적 형태의 조직 구조에 대한 내용이 포함되어 있다. 이는 구글 크리에이티브 랩(Google Creative Lab)이 추구하는 실증 커뮤니케이션 내용을 참조 인용한 것으로 주어진 조건에서 최대 실행 역량을 뽑아내기 위한 방법을 요약한 것이다.

Chapter 3은 이노베이티브 광고 방법론에 대한 내용이다. 이노베이티브 광고에 대한 개념 정리와 함께, 광고 제작에 도움을 주는 여러 가지 방법론 TIPS(The Innovative Pipe System)를 소개한다. 발견(Inquiry), 정의(Incubation), 개선(Improvement), 혁신(Innovation), 통합(Integration)의 5가지 각 유형별 항목에 의해 고객 인식 및 성향 분석 등의 통찰 과정을 거친다. 이렇게 최적의 고객 경험 제공을 위한 근거가 마련되는데 이는 최종적으로 특정 집단을 위한 가장 효과적인 매체 선정을 위해서도 꼭 필요하다. 이 방법론은 브랜드, 제품과 소비자 간 연결고리 형성에 매우 유효하며 소비자 인사이트(Insight) 도출에도 큰 역할을 한다.

Chapter 4, 5, 6, 7에서는 각 챕터별로 총 112편의 광고 캠페인 사례를 통해 소비자가 직접 참여 주체가 되는 이노베이티브 광고가 어떤 형식인지를 살핀다. 제품력부터 강조하고 보는 기존 형식의 광고는 없다. 즐기면서 경험하는 동안 브랜드와 자연스럽게 친해지는 광고, 직접적인 편익보다 큰 가치를 전하는 광고의 전형을 보여 주며 개념을 정리해 주는 단계다. 콘텐츠마다 톡톡 튀는 매체와 첨단 기술력도 볼거리이지만 이러한 광고 캠페인의 중심에 항상 소비자가 있다는 점에 주목하게 된다.

광고는 기업의 긍정적 측면을 알리고 이윤을 축적하기 위한 필수 활동이다. 그러나 기업과 브랜드의 장점만을 말하는 광고 메시지는 이제 무의미해졌다. 지금은 모든 기업 활동에서 소비자 의도와 참여를 필요로 하는 브랜드 매니지먼트의 시대임을 직시하고 더욱 다양한 발전 양상을 보이는 새로운 광고 트렌드에 새로운 관점으로 대응해야 할 때다.

2016년 10월
저자 대표 박승배

차 례

프롤로그   4

PART I   **Chapter 1 광고 빅뱅**   15
소비자가 달라졌다   16
마케팅 혁명이 시작되었다   20
미디어가 진화한다   23
혁신은 선택이 아닌 필수   29

Chapter 2 광고의 혁신   33
변화의 트렌드   34
무엇과 같은가?   37
이노베이티브 광고의 특징들   42
혁신을 위한 New Creativity   48

Chapter 3 이노베이티브 광고 방법론   61
이노베이티브 미디어 광고란?   62
A. 발견(Inquiry)   66
B. 정의(Incubation)   69
C. 개선(Improvement)   75
D. 혁신(Innovation)   78
E. 통합(Integration)   81

PART II **Chapter 4 브랜드를 설명하다? 브랜드를 놀게 하다!** 87

1. McDonald's | 2. 삼성전자 | 3. Colun | 4. Exxon Mobil | 5. Smart | 88

6. 코카콜라 | 7. BMW | 8. 삼성전자 | 9. ONLY | 10. Borjomi | 98

11. TNT Channel | 12. Volkswagen | 13. Heineken | 108

14. Toyota Motors Corp. | 15. SNCF Group | 16. P&G Pampers | 114

17. Heineken | 18. 코카콜라 | 19. Volkswagen | 20. 코카콜라 | 120

21. 코카콜라 | 22. 코카콜라 | 23. 코카콜라 | 24. Kraft Foods, Inc. | 128

25. +KOTA | 26. Nestle Contrex | 27. 코카콜라 136

Chapter 5 편익을 보여 주다? 가치를 말해 주다! 143

1. Pela Vidda | 2. Asiri Group of Hospitals | 144

3. Liga Contra el Cancer | 4. InCRC | 5. IKEA | 148

6. WWF, 코카콜라 | 7. NIKE | 8. Nar Mobile | 9. 삼성전자 | 154

10. VOLVO | 11. No Somos Delito | 12. Africa Health Placements | 162

13. The Village | 14. Autism Speaks | 15. YAHOO JAPAN | 168

16. Santa Casa Hospital | 17. Pepsi | 18. 행복한 성적표 | 174

19. Turquoise Cottage | 20. Harry's Bar | 21. Volkswagen | 182

22. McDonald's | 23. Mercedes Benz | 188

24. Teatreneu | 25. Intermarché 192

Chapter 6 하고 싶은 이야기? 듣고 싶은 이야기!   197

1. 3D TEK | 2. Safety Lab & Blikkiesdorp 4 Hope | 198

3. 현대자동차 | 4. Nivea | 5. Under Armour | 6. P&G | 7. 삼성전자 | 202

8. John Lewis | 9. The Als Association | 10. B corporation | 212

11. Huggies | 12. FIFTY FIFTY | 13. AFRICAN ANGEL | 218

14. ETERNA CADENCIA | 15. Peruvian Cancer Foundation | 224

16. STARBUCKS | 17. Singapore Red Cross Society | 18. NOAH | 228

19. WFP | 20. ANAR | 21. TD Bank | 22. Heineken | 234

23. Canon | 24. MISEREOR | 25. FATH | 26. WWF   242

Chapter 7 놀랍거나 새롭거나   251

1. adidas | 2. Pizza Hut | 3. Pepsi | 4. 코카콜라 | 5. NIKE | 252

6. British Airways | 7. MURAT PARIS | 8. NIKE | 9. Pepsi | 262

10. Heart & Sole Sdn. Bhd. | 11. Douwe Egberts | 12. Nescafe | 270

13. 코카콜라 | 14. Lexus | 15. Scandinavian Airlines | 16. Volkswagen | 276

17. Mercedes-Benz | 18. Penningtons | 19. Renault S.A. | 284

20. Kia Motors | 21. The Tokyo Shimbun | 22. National Geographic | 290

23. adidas AG | 24. Sunshine City Corporation | 296

25. LG | 26. LG | 27. McDonald's | 28. Play Station | 29. Vodafone | 300

30. T-Mobile | 31. Nivea | 32. French National Railway Corporation | 310

33. KIA | 34. SKT   316

참고문헌   324

Part I

혁신에 관한
몇 가지 이야기,

그 중심에는 언제나
소비자가 있다.

chapter 1

광고 빅뱅

소비자가 변하면
미디어도 바뀐다.

광고의 개념이
달라진다.

소비자가 달라졌다

소비자를 둘러싼 환경은 더욱 급격한 변화를 보이고 있다.

첨단 기술력과 정보의 홍수 속에서 살아가는 현대인들은 판단을 내리기도 전에 새로운 미디어를 만나는 데 익숙해지고 있으며 언제 어디서든 작은 자극에도 쉽게 반응하고 있다.

미래 지향이 아닌 현재 지향적인 성향으로 변화하고 있는 것이다.

먼 미래를 염두에 두고 생각하기보다 빠르게 변화하는 현재 추세에 따라 의사결정을 하는 즉흥성이 강해졌다고 말할 수 있다.

소비자들은 기업의 작은 메시지와 마케팅 활동에도 점차 빠른 속도로 반응을 보이고 있다.

작은 메시지 하나에 쉽게 감동하거나 불만을 표출하며, 충동적인 구매욕을 보이다가도 돌연 불매운동에 동참하는 소비자 행태가 그런 점을 반증해 준다. 반응이 긍정적일 경우 충성 고객이 되지만 부정적일 때에는 기업에 대해 공격적 성향이 커지기 때문에 사회 내 불만 확산이나 더 심각한 부정적 입소문이 퍼져 나간다.

마케팅 거장 필립 코틀러(2010)는 그의 저서 『마켓 3.0』에서 마케팅 분야의 **뉴노멀**을 명시하고 있다. 기존의 마케팅은 고객이 원하고 필요로 하는 것을 채워 주

뉴노멀 : 시대 변화에 따라 새롭게 부상하는 표준으로, 위기 이후 5~10년간 세계 경제를 특징짓는 현상. 과거를 반성하고 새로운 질서를 모색하는 시점에 등장한다. 저성장, 저소비, 높은 실업률, 고위험, 규제 강화, 미국 경제 역할 축소 등이 글로벌 경제 위기 이후 세계 경제에 나타날 뉴노멀로 논의되고 있다. 과거 사례로는 대공황 이후 정부 역할 증대, 1980년대 이후 규제 완화, IT 기술 발달이 초래한 금융 혁신 등이 대표적인 노멀의 변화로 꼽힌다.

는 동시에 그 이상의 플러스알파를 제공하면 충분히 소비자를 만족시킬 수 있다고 생각했다.

그러나 앞으로는 사람들의 영혼에 호소하고 소비자와 함께 호흡하는 마케팅 전략이 필수적이다.

제품 중심 마케팅에서 경쟁사와의 차별을 강조한 소비자지향 마케팅 단계를 거쳐 이제는 '가치관' 주도형의 '마케팅 3.0' 시대가 될 것이라는 전망이 힘을 얻고 있는 것도 그런 이유에서다.

이러한 변화의 원동력은 역시 모바일 혁명과 소셜 미디어라고 말할 수 있다.

기업과 사회, 소비자와의 협동이라는 명제는 소셜 미디어의 확산으로 자연스럽게 받아들여지는 분위기다. 소비자의 참여는 이제 당연시되고 있으며 소셜 미디어는 소비자들로 하여금 그 참여의 폭과 깊이에 있어 과거와는 전혀 다른 양상으로 전개되고 있다. 심지어 고객은 즐거움과 자기 PR, 타인의 인식 변화를 위해 스스로 광고를 제작하기도 한다.

이렇게 '소셜(Social)'이라 불리는 사회적 관계가 자연스럽게 등장하여 일반화되었으며 유행을 너머 일상화된 트렌드로 번져 나가고 있다.

다양한 가치관의 소비자들은 물건을 고를 때도 자신의 가치관에 맞는 상품을 선택하게 되었다. 다양한 가치관은 폭넓은 수요를 만들어 냈고, 아무리 질 좋은 제품을 생산해도 개개인의 수요를 만족시키지 못하면 팔리지 않는 세상이 되었다. 따라서 소비자의 수요를 정확히 파악하고 그 수요에 맞는 상품을 내놓아야만 한다. 이것이 바로 고객지향이다.

제조 기업들은 소비자가 어떻게 생활하고 어떤 방식으로 제품을 사용하는가에 높은 관심을 갖게 되었다.

결과적으로 현장의 중요성이 매우 높아졌다고 할 수 있는데, 이런 점은 행동 관찰 기법이 개발된 배경이라고 할 수 있다. 행동 관찰 기법은 제조업뿐 아니라 서비스

업에까지 널리 확산되고 있는데 이것은 앞서 말한 고객 가치관의 변화와 맥을 같이하고 있으며, 경험 마케팅 또는 경험 디자인 등의 등장은 경험과 체험을 중요시하는 분위기에서 비롯되었다고 말할 수 있다.

기업의 소비자 파악 방법도 변하고 있다.
지금까지 기업들은 소비자를 제품의 사용자로 인식하였으나 최근에는 사용자뿐 아니라 제품의 구매자, 제품 관련 서비스를 누리는 사람으로 파악하고 있다.
P&G는 2000년 이후 회사 방침에 '제품을 제공할 뿐 아니라 서비스까지 제공한다'는 내용을 덧붙였다. 여기서 말하는 서비스란, 소비자에게 얼마만큼의 가치를 제공할 것인가 하는 문제도 포함하고 있다.

사회적 변화를 촉발하는 기업 마케팅의 이러한 변화들이 광고에서도 나타나고 있는데 광고는 분명 기업이 해당된 시장을 유지시켜 주는 중요한 요소이며, 경제·사회적 가치로부터 많은 영향을 받으며 함께 변화해 왔다.

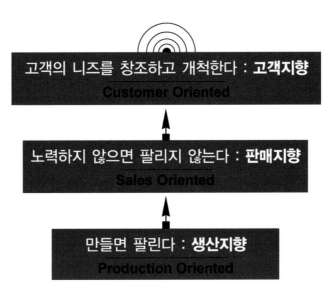

고객의 니즈를 창조하고 개척한다 : **고객지향**
Customer Oriented

노력하지 않으면 팔리지 않는다 : **판매지향**
Sales Oriented

만들면 팔린다 : **생산지향**
Production Oriented

< 그림 1 > 마케팅 패러다임의 전환

마케팅 혁명이 시작되었다

매스미디어 중심의 시대에는 발신자의 메시지가 수신자에게 일방적으로 전달되는 것이 보편적이었으나, 지금은 수신자 중심의 쌍방향 커뮤니케이션으로 구조가 바뀌어 가고 있다. 다양한 미디어의 발전은 폭발적인 정보를 생산하였으며, 그 결과 미디어 선택권은 수신자에게로 이전되었다. 크리에이티브에 관한 변화 측면에서도 일정한 틀에 갇힌 크리에이티브가 아닌 발상의 전환을 만드는 새로운 형식과 아이디어의 광고들이 속속 등장하고 있다.

이러한 현상은 정보 전달과 커뮤니케이션 방식에 있어 더 이상 장소나 미디어에 초점을 맞추는 것이 아니라 수신자의 특성에 맞춰 정보를 전달하는 변화를 낳았고 소비자별 개인화된 메시지를 발신하는 방법으로도 발전을 부추기고 있다.

그동안 미디어의 성장을 보면 라디오가 청취자 5천만 명을 확보하는 데 38년, TV가 시청자 5천만 명을 확보하는 데 13년이 걸린 반면, 인터넷이 같은 수의 이용자를 확보하는 데는 단 4년이 걸렸고, 아이튠즈(iTunes)는 3년, 그리고 페이스북(Facebook)은 이 수치의 두 배인 회원 1억 명의 가입자를 확보하는 데 9개월, 스마트폰 애플리케이션은 이보다 10배인 사용자 10억 명을 확보하는 데 단 9개월밖에 걸리지 않았다. 이렇듯 새로운 미디어의 확산은 엄청난 가속화를 계속하는 중이다.

또 기존의 ATL(Above-the-Line)과 BTL(Below-the-Line)로 구분되던 광고의 분류도 변화하고 있는데 페이드 미디어(Paid Media), 온드 미디어(Owned Media), 언드 미디어(Earned Media)의 트리플 미디어의 등장이 그것이다.

사람을 비중 있게 보는 관점이 나타나면서 CSR(Corporate Social Responsibility)의 중요성이 부각되었다. 최근 기업들은 이러한 CSR 활동을 수행하고 홍보하는 데 기업 광고를 마케팅 수단으로 이용하고 있다.

광고를 통하여 CSR이 기업과 소비자를 연결시키는 고리 역할을 하게 된 것이다. 소비자는 광고에서의 CSR 효과를 긍정적으로 받아들이고 있으며 브랜드의 차별화를 위해 CSR 활동이 효과적인 방법이라는 여론이 힘을 얻고 있다. 소비자는 기업의 윤리와 책임 부분에 더욱 주목하고 있으며 차별화된 기술력을 부각하는 것보다 전반적인 인식 차이를 부각하는 것이 더 효과적이기 때문이다.

기업과 브랜드의 긍정 인식을 높일 수 있다는 점 때문에 CSR이 마케팅의 일환으로 전개되고 있지만, 기업의 사회적 활동이 활발할수록 기업 성과에도 큰 도움이 된다는 많은 관련 연구 결과가 뒷받침하고 있어 향후 이러한 기업의 사회 공헌적 활동은 계속 늘어날 것으로 보인다.

그러므로 기업은 CSR을 사회 공헌 활동에 한정시키기보다는 기업 전체의 이미지 재고와 지속 가능한 개발, 그리고 경영에 부합하는 쪽으로 혁신해 나가야 할 것이다.

기업의 공익 활동 선정 시 단순히 제품 특성과 공익 특성 간의 물리적 관련성을 고려하기보다는 소비자가 인식하는 제품 혹은 브랜드의 특성과 공익 간의 관련성을 파악하여 선정하는 것이 바람직하다.

기업의 공익 활동은 제품이나 유형의 서비스 판매가 아니라 기업의 사회적 선행에 대해 사람들로 하여금 감정적 만족을 느끼도록 하는 것이다. 그러므로 목표 청중은 소비자가 아니라 사람으로 간주되어야 할 것이다. 이러한 노력을 통해 성장과 동시에 사회적 기대를 충족시킬 수 있다. 사회적 변화에서 이노베이티브 광고가 공익성을 포함하는 것 또한 이와 같은 맥락이다.

이런 경향은 디지털의 발전뿐 아니라 사회적인 변화와도 밀접한 관계를 가지고 있다. 최근 기존의 광고와는 다른 형식의 독특한 광고들이 등장하면서 광고 활동 자체를 통해 기업의 CSR, 즉 사회적 책임의 역할까지도 수행하는 경우가 늘고 있다. 그 예로는 2012년도 칸 국제광고제(Cannes Lions International Festival of Creativity)에서 수상한 아멕스(American Express) 사의 'Small Business Saturday'가 대표적일 것이다. 이 광고는 신용카드 회사인 아멕스 사가 자영업자들에게 마케팅의 수단과 플랫폼을 제공하고 그로 인한 광고 효과를 얻는 형식으로, 이것은 그 이전에는 볼 수 없었던 것이었지만 앞으로는 더욱 발전된 형태로 자주 등장할 것으로 예견된다.

미디어가 진화한다

2000년대 즈음부터 우리는 기존의 4대 매체라 불리는 TV, 신문, 라디오, 잡지에 의존하지 않고 인터넷, 모바일 등 새로운 미디어들을 통해 전보다 훨씬 더 빠르고 방대한 양의 정보를 선택적으로 얻게 되었다.

광고를 시기적으로 분류하자면, 1970~80년대는 광고가 제품에 대한 정보를 제공하는 주된 정보원 역할을 했고 소비자는 광고에 의존적인 특성을 나타냈다. 이에 따라 시대를 지배한 것은 제품의 가치였으며, USP가 마케팅 패러다임을 좌우했다. 그 후 1990년대와 2000년대는 브랜드 간 경쟁이 치열했던 시기로, 눈길을 끄는 광고가 경쟁사와의 차별화 수단으로 사용되기도 했다. 이 시대를 지배하는 가치는 감성이었고, 마케팅 패러다임은 브랜드 감성이었다. 그러나 2000년대 중반부터는 트리플 미디어 시대가 도래하면서 소비자들은 새로운 양상을 보이고 있다.

이러한 시대를 거치며 등장한 뉴미디어는 광고와 매우 밀접한 관계를 맺고 있어 소비자들은 일방적인 광고를 더 이상 수동적으로 수용할 필요가 없게 되었다. 미디어의 진화는 광고시장 입장에서 위기일 수 있지만 기회로 평가하려는 새로운 시각도 있다. 특정 소비자에게 일방적 광고 메시지를 주입할 수 없게 된 반면, 한편으로는 여러 미디어를 통해 불특정한 소비자들에게 정보를 무제한 노출할 수 있는 새 국면을 맞게 된 것이다. 또한 소비자가 선택적으로 직접 찾아보고 참여하는 능동적 광고가 가능해졌기 때문에, 광고주 입장에서 뉴미디어의 출현과 사용자의 새로운 반응은 놓칠 수 없는 중요한 기회가 된 것이다. 기존의 4대 매체를 아울러 새로운 미디어를 기반으로 더 특별하고 빠르게 진행되는 변화의 트렌드, 그

것이 바로 이노베이티브 광고의 탄생 이유인 것이다.

제니스 옵티미디어(Zenith Optimedia)의 최신 발표 자료에 의하면, 인터넷 기반의 디지털 광고가 2010년에서 2014년 사이에 신문, 잡지로 대변되는 지면 매체가 차지했던 광고량의 상당 부분을 점유함으로써 TV 다음으로 강력한 제2의 미디어로 확고히 자리매김하게 되었다고 한다.

디지털 기술의 발전과 소셜 네트워크의 발달로 인해 미디어 환경이 변화하면서 소비자가 정보의 발신자가 아닌 수신자로서 주도권을 잡는 시대로 변화하였다. 이로 인해 소셜 미디어를 이용한 마케팅이 중요한 위치에 자리 잡게 되었으며, 기업들은 어떠한 접근으로 소비자들이 자사의 제품과 서비스에 관심을 가지는가에 촉각을 곤두세우고 있다. 즉, '소비자의 공감과 참여'를 마케팅의 중요한 부분으로 여길 정도로 미디어는 진화하고 있는 것이다.

미디어의 진화에 따라 재편된 미디어 생태계는 트리플 미디어(Triple Media), 즉 페이드 미디어, 온드 미디어, 언드 미디어의 활용 전략을 중요시하고 있다. 페이드 미디어는 잡지 광고, 인터넷 광고, TV 광고 등 미디어 광고 하면 떠오르는 것을 가리키며, 온드 미디어는 기업의 웹사이트, 모바일 사이트, 자사 커뮤니티 등 기업에서 운영하거나 컨트롤이 가능한 미디어를 가리킨다. 언드 미디어는 SNS, 블로그, 트위터 등 소셜 미디어를 가리킨다.

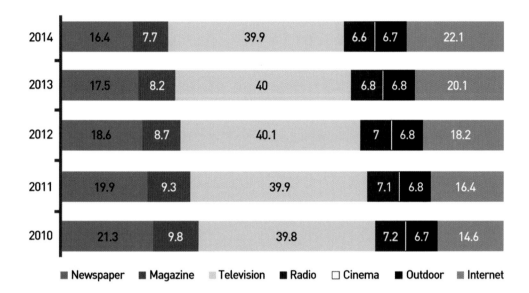

2014
16.4 | 7.7 | 39.9 | 6.6 | 6.7 | 22.1

2013
17.5 | 8.2 | 40 | 6.8 | 6.8 | 20.1

2012
18.6 | 8.7 | 40.1 | 7 | 6.8 | 18.2

2011
19.9 | 9.3 | 39.9 | 7.1 | 6.8 | 16.4

2010
21.3 | 9.8 | 39.8 | 7.2 | 6.7 | 14.6

■ Newspaper   ■ Magazine   ▨ Television   ■ Radio   □ Cinema   ■ Outdoor   ▨ Internet

< 표 1 > 2010-2014년 미디어별 광고비 점유율(% of total)

최근 기업들은 트리플 미디어를 연계시켜 어떤 방법으로 마케팅을 실행해 나갈 것인지에 주목하고 있다. 각기 독립적인 구조로 연계하기도 하지만, 소셜 미디어와 자사 미디어를 서로 교차하여 포함하기도 하며, 서로의 기능을 활용하기도 한다. 기업은 이러한 개념을 활용해 콘텐츠를 확산하고 소비자와의 소통을 발전시킨다. 앞으로 기업들은 미디어의 변화 속에서 광고를 통한 '소비자와의 소통'을 위해 소비자 인사이트에 맞춘 전략적 대응책을 마련해야 하며, 트리플 미디어에 대한 유기적인 연계성을 활용해 시너지 효과를 내는 전략을 구사해야 할 것이다.

트리플 미디어의 효과적인 방향 제시를 위해 광고 마케팅의 흐름을 살펴보자면, 첫째, 발신자 주도 커뮤니케이션의 변화다. 과거에는 수신자가 일방적인 메시지에 반응하는 시대였지만, 현재는 정보량이 많고 선택권이 수신자에 있는 시대다. 따라서 수신자가 어떻게 수용하는지가 무엇보다 중요하게 되었다.

둘째, 광고 크리에이티브에서 브랜디드 콘텐츠(Branded contents)와 정보 크리에이티브로 변화해 가고 있다. 광고 틀 속의 단순한 크리에이티브가 아니라 발상의 전환이 필요하다는 것이다.

셋째, 디지털 시대의 광고는 게재할 장소가 아니라 누구에게 전달할 것인가 하는 점이 중요하다.

넷째, 앞으로의 광고는 마케팅 ROI(Return of Investment)를 측정 관리하는 광고 캠페인으로 바뀌어 갈 것이라는 점이다. 그러나 여러 가지 캠페인을 함께 실행한 다음에 그 전과 후를 비교하는 지금의 방식으로는 전체적인 효과는 알 수 있지만 캠페인 각각에 대한 효과를 판단하기란 쉽지 않다.

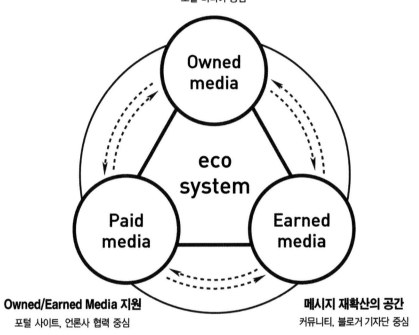

고객과 소통하는 공간

기업 블로그, 페이스북, 트위터 등
소셜 미디어 중심

Owned media

eco system

Paid media

Earned media

Owned/Earned Media 지원

포털 사이트, 언론사 협력 중심

메시지 재확산의 공간

커뮤니티, 블로거 기자단 중심

< 그림 2 > 트리플 미디어 에코 시스템

트리플 미디어 가운데 한 사람 한 사람에게 맞춤 광고를 내보는 것이 페이드 미디어의 활용 방안이며, 온드 미디어의 경우 소셜 미디어와의 연계 활용이 증가할 것이다. 온드 미디어라는 것은 투자한 마케팅 비용 대비 효과가 얼마인지를 파악하는 마케팅 대시보드 역할을 할 것이라는 의미다. 언드 미디어는 기업의 PR 방법론으로 고객 센터 등에서 더욱 적극적으로 사용될 것이다. 지금까지의 고객 응대가 1대1 방식이었던 데 반해 소셜 미디어는 고객들이 모두 연결되어 있는 형태이기 때문에 소셜 CRM(Customer Relationship Management) 등의 구축 방안이 마련된다면 큰 효과가 나타날 것으로 기대된다.

이러한 전략들에는 진정성이라는 중요한 요소가 내포되어 있다. 소셜 미디어를 통해 마치 실제 현실 세계에서와 같은 관계의 친밀성을 경험토록 하여 유사 사회적 상호작용 유도가 가능한데, 나에 대한 진정성이 어떤 가치보다도 우선시되며 중요한 판단 기준이 되는 것이다.

이런 이유로 인해 기업들도 변화하고 있다. 소비자와 기업의 1대1 소통으로 기업의 아이디어에 소비자 개인의 콘텐츠가 융합되어, 적극적이고 새로운 광고 형태를 창조하게 되는데 이것을 '콘텐츠의 개인화'라 한다. 개인의 참여를 더욱 적극적으로 이끌어 낸 기업 프로모션 활동이, 소비자에게 기업의 긍정적인 이미지 구축에 더 큰 효과를 준다는 것이다. 이러한 현상들은 모두 미디어의 진화에서 촉발된 현상으로 그 무엇보다 소비자가 중심에 있다는 것이 특징이며 앞으로 더욱 가속화가 예상되는 이노베이티브 광고 발전의 하나의 축이 될 것이라 확신한다.

혁신은 선택이 아닌 필수

기업은 고객과 같은 곳을 바라보며 고객이 진정으로 원하는 것이 무엇인지를 알아야 하는 시대가 왔다. 『Driving Customer Equity』에서는 기업의 자산 항목으로 고객을 포함시켜야 한다는 브랜드 관리의 새로운 관점을 주장하고 있다. 기업은 그동안 많은 혁신을 요구받아 왔고 혁신을 실행하기도 하였다. 변화하는 기업만이 살아남을 수 있다는 생각에 지속적으로 변화시킬 수 있는 그들만의 프로그램을 개발하기도 하였다. 이제 기업은 제품뿐 아니라 서비스와 마케팅까지도 혁신의 대상으로 생각하기 시작한 것이다.

기업 혁신의 대표적인 예로 '6시그마'는 품질 수준을 정량적으로 평가하고 문제를 해결해 나아가는 혁신적 품질 관리 프로그램으로 GE, 소니 등의 세계적인 기업들과 국내의 대기업에서도 적극적으로 도입한 혁신 사례다. 또한 CRM은 기업이 고객과의 관계를 관리해 나가기 위해 필요한 방법론, 기술, 소프트웨어, 전자상거래 등의 역량을 지칭하는 혁신 프로그램이다. 이러한 6시그마나 CRM의 혁신 프로그램은 모두 일방적이고 발신자 또는 제조자 입장의 혁신 프로그램이었다고 볼 수 있다. 그러나 발신자의 입장에서 수신자의 입장에 초점을 맞춘 본격적 혁신 프로그램은 바로 서비스 디자인이다.

이러한 배경에서 등장한 서비스 디자인은 디자인 씽킹(Design Thinking)을 기본 철학으로 삼고 서비스를 혁신·발전·디자인한다는 방향성을 설정하고 있다. 서비스 디자인에서는 서비스 제공자의 비즈니스 목적과 같이, 사용자의 요구에 대한 응답과 같은 방법으로 서비스 경험이 디자인되는 것이며, 무형의 서비스를 경험할 수 있도록 사용자와 서비스가 접촉하는 모든 터치 포인트를 새롭고 창의적으로 만들어 내는 것이다. 결국 이것은 환경의 변화에 따라 디자인에 새롭게 부여된 개념이라고 할 수 있다.

서비스 디자인의 역할은 앞으로 점차 늘어나고 확장될 전망이다. 또 서비스 디자인은 디자인의 한 장르로 정착해 나가는 동시에 새로운 형태의 광고로 인식되고 있다. 하지만 기존 광고 대행사의 조직 구성인 제작팀·마케팅팀·기획팀 등의 구조, 아이디어 발상 그리고 제작 방식으로는 이 '새롭게' 시도되는 스타일의 광고를 소화하기 어렵다는 문제가 있다. 서비스 디자인의 방법론, 코크리에이션 (Co-creation), 리서치 등 핵심 요소들을 광고와의 융합(Convergence)을 통한 발전의 한 방식으로 받아들일 필요가 있다.

위와 같은 성공 사례 중 하나는 구글(Google)에서 찾아볼 수 있다. 구글은 2012년도 칸 국제광고제의 35개 부문에서 수상하였다. 수십 개의 네트워크를 가진 글로벌 광고 대행사들도 달성하기 힘든 기록을 세운 것이다. 이것은 세상에 없던 제품, 서비스, 플랫폼을 선보인 것으로, 독보적 방식의 구글 크리에이티브 랩을 만들었으며, 이것은 구글 브랜드를 효과적으로 표현하고 실증적 커뮤니케이션에 집중하는 방식을 채택 가능하게 한 동시에 기존 조직 체계와 다른 'Pods'라고 하는 여러 유닛의 유기적 합일체를 구성하였다. 이 Pods는 디자이너, 마케터, 엔지니어, 기획자, 애니메이터 등 실행에 집중할 수 있는 구성원들로 이루어져 있다.

구글 크리에이티브 랩은 서비스 디자인의 방법론과 유사한 '에자일 방법론(Agile Process)'이라는 소프트웨어 개발 방법론을 채택하여 사용하고 있다. 이와 같은 새로운 방식은 특정 미디어에 구애받지 않으면서 모든 미디어에 대응할 수 있는 커뮤니케이션으로 빠르게 실행되고 있으며, 기획부터 제작까지의 프로세스를 간소화하고 아이디어를 쉽게 구체화하며, 프로토타입을 만들어 실제로 구현하고 있다는 특징이 있는데 이런 점에서 광고계의 제작과 기획에서의 변화의 신호탄이라 할 수 있다.

광고 조직의 변화뿐만 아니라 또 하나의 새로운 변화가 나타났다. 2013년도에 칸 국제광고제에 새로운 부문이 생겨났는데, 바로 'Innovation' 부문이다. 이전에 'Titanium & Integrated' 부문이나 'Promo & Activation' 또는 'Outdoor' 부문 등에서 일부 소개되었던 혁신적인 방식의 광고가 'Innovation'이라는 하나의 새로운 부문으로 탄생한 것이다. 이렇게 많은 변화를 겪고 있는 광고에는 새로운 조직 구성과 그에 걸맞은 광고 제작 방법론이 절실히 필요하게 되었다.

chapter 2
광고의 혁신

변화에 주목하라.

지금껏 경험하지 못한
혁신적인 광고가
시작된다.

변화의 트렌드

아이디어도 이젠 순발력

요즘 대세인 예능 프로그램 관계자가 한 말을 짚고 넘어가 보자. "남의 눈치를 의식하는 순간 망한다." 무슨 뜻일까 잠시 생각하게 하는 말이다. 빠른 트렌드 변화를 따라 움직여야 하는 예능 프로그램의 특성상 보통 사람들이 무엇을 좋아하고 관심 가져 줄지 답을 찾는 일이 제일 고민일 수밖에 없다. 성공한 그 해답의 근본은 인간을 바라보는 따뜻한 시선에 있다는 말이 귀에 들어왔고, 자신이 좋아하는 부분과 타인이 좋아하는 부분의 접점을 찾아 그동안 보여 주지 못한 것들을 보여 주라는 조언도 와 닿았다. 무턱대고 흥행 요소를 찾아 헤매는 것과는 거리가 있는 말이다.

창의력은 완전한 무(無)에서 만들어 낸 어떤 것이 아니라 존재해 왔던 것 가운데에서 잘 보지 못한 것들을 찾아내어 다듬고 편집하는 작업이라는 생각에 고개가 끄덕여진다. 세상이 급변하고는 있지만 근본적인 인간성의 뿌리는 변치 않을 것이니 매우 공감되는 말이다. 이제 아이디어의 본질은 '잘났다고 소리치는' 것이 아니라 사람들이 진정으로 원하는 것이 무엇인지를 알아차려 제공해 주는 쪽으로 성장하고 있다. 그것도 가급적 과정을 축소하고 신속하게 결과를 제공하는 방식으로 전환되어야만 한다. 바야흐로 '순발력 있는 아이디어'를 요구하는 시대에 진입한 것이다.

순발력 있는 아이디어의 제시를 위해 필요한 조건 5가지를 들면 다음과 같다.

- 빠른 의사소통과 지속적인 실행 및 협업(collaboration) 전개
- 실행 방해 요소를 빠른 협업으로 제거하는 핵카톤(Hackathon) 문화
- 검증 가능한 광고, 제품, 플랫폼을 빠르게 만들 수 있는 브리프(Brief) 작성
- 빠른 프로토타입 제작 스킬과 피드백을 통해 개선해 가는(Prototype) 문화
- 베타테스트를 통해 웹, 앱, 플랫폼 등을 개선하는(Beta testing) 프로세스

작은 단위의 팀을 운용하면서도 비선형(Nonlinear) 방식 프로세스를 지향하는 것이 중요하다. 많은 단계와 업체를 거치던 관행은 없애야 하며 소규모 팀에서 실행과 직결되는 여러 아이디어의 결과가 빠르게 나올 수 있어야 한다. 주어진 시간 동안 조직의 모든 역량이 광고, 영상, 앱, 프로토타입과 같은 아이디어의 실체를 뽑아내는 쪽에 집중되어야 한다는 의미다.

실행 능력 중심의 조직 구조

오롯이 클라이언트의 유명세와 경제적 이익을 위해 일하는 것이 덕목이었던 광고 에이전시에도 이제 발 '빠른' 변화의 요구가 엄습해 오고 있다.
일반적인 광고회사의 조직은 제작팀, 기획팀, 마케팅팀, 매체팀, SP팀, 경영지원팀(총무) 등으로 나뉜다. 일부 회사에서는 캠페인, 솔루션, 디지털, 경영인사 부문으로 구분의 차별화를 시도하고 있지만 전통적인 조직의 틀을 바꾸지 못하고 유지하는 경우가 더 많다.
"한국의 '빨리빨리' 문화에 관심이 많다." 이는 얼마 전 내한한 구글의 에릭 슈미트 회장이 인터뷰에서 한 말이다. 고도화된 디지털 세상에서는 성공 가능성이 예

측되는 일에 즉각 투자하고 성패의 갈음도 신속해야 하기 때문에 디지털 분야 전문가 입장에서 언급한 말일 것이다.

디지털 시대에 걸맞게 이제 광고회사에도 변화에 빠르게 대처할 수 있는 달라진 조직 구조가 도입되어야 할 때다. 이것은 간단히 표현하면, '유용하고 재미있고 의미 있는 일에 집중하는 구조를 만드는 것'과 직결된다. 제작 회의하고, 리뷰하고, 보고하고 또 결재받기를 기다리는 시간에, 가능한 한 실행에 몰입함으로써 시간을 절약하고 예상 결과치를 최대한 끌어낼 수 있어야 한다는 취지이며 실패할 경우 다른 방향으로 전환, 기민하게 움직일 수 있다는 장점을 가지고 있다. 다양한 역량을 가진 최소 단위로 조직(Pods)을 구성하고 이들이 모두 실행에 집중하는 형태로 연결되어 움직여야 한다. 이때 각 파트의 역량을 크게 세 부분으로 나눌 수 있는데 Story, Art, Technology에 특화된 인력으로 구성함을 의미한다. 그리고 이들은 비즈니스 관련 전문가, 디자이너, 작가, 프로그래머, 스토리텔러 등 각자의 전문 분야와 프로세스에 강한 사람들로 구성되어야만 연계 업무에서 발휘되는 능률이 더욱 커지는 효과를 얻는다. 이러한 조직 구조가 정착되면 외부 에이전시들과 하나의 그룹처럼 일할 수 있는 협업 시스템이 구축된다. 이제, 아이디어가 떠오르면 머뭇거리지 않고 바로 무언가를 만들어 낼 수 있는 팀워크가 가능하도록 개선하는 것이 최우선이며 특히 크리에이티브 집단 내부에 조직 혁신을 가하는 것이 가장 급선무다.

무엇과 같은가?

CSR 캠페인

최근 사회 공헌 마케팅 프로모션에 참여하는 기업들이 늘어나면서 'CSR 활동' 자체에 대한 사회적 관심 또한 증폭되고 있다. CSR의 테마는 분류하기에 따라 매우 다양하고 세분화할 수 있기 때문에 해당 기업의 업종과 정체성을 고려해 접근할 경우 매우 긍정적인 효과를 기대할 수 있다. CSR 캠페인은 80년대 환경보호 이슈의 대두와 함께 공중파 매체를 통해 공익광고 형식을 빌려 계도성 이슈를 확산시켜 나간 것이 시작이라고 할 수 있는데 점차 일반이 공감할 수 있는 세부 주제로 나뉘어 시대상에 맞는 이슈를 담아 적절하게 노출되었다. 초기에는 국가 경제 발전에 일조하는 기업이라거나 문화, 예술 진흥 차원의 지원 혹은 인재 육성, 고용 창출에 앞장서는 기업 이미지를 표현하는 정도였으나, 디지털 산업사회가 고도화되면서 CSR은 소비자와 효율적으로 소통하며 기업 경영을 컨트롤하는 주요 수단으로 급부상했다. CSR의 성과에 따라 기업의 생산성과 사회적 책임, 즉 도덕적 면모가 드러나고 결과론적으로 기업과 상관관계가 없는 소비자도 매체가 말해 주는 대로 그 기업의 이미지를 판단해 버리는 시대가 된 것이다. 힘들게 자립하는 소시민에게 생계형 차량을 지원해 주는 '기프트카' 사업을 전개하고 있는 현대자동차는 CSR 활동의 좋은 예다. 많은 사연들 가운데 채택된 지원자에게 실질적 도움을 제공함은 물론 창업교육도 실시하여 사회 공헌을 실천하고 따뜻한 기업 마인드를 표현하는 전략적 성과도 거둔 실례다.

< 그림 3 > 현대자동차그룹 기프트카 캠페인

CSR 활동에서 가장 중요한 것은 진정성이다. 장삿속으로 하는 상술이라는 관념을 털어내야 하고 이익을 남기기 위한 수단으로 매도되어서도 안 된다. 고개를 끄덕이며 공감할 수 있는 정보를 담고 있다면 그것으로 고객과의 연결고리는 충분하기 때문이다.

글로벌 아웃도어 브랜드 파타고니아 광고에서도 사회적 책임을 갖는 기업의 철학을 만날 수 있다. 소비자에게 근검절약을 권장하고 적자가 나도 매출의 1%를 기부하는 회사로 알려진 파타고니아는 일관된 기업 이미지를 발판으로 고객의 절대적 지지를 얻었고 2013년에는 미국 아웃도어 시장 점유율 2위에 올랐다. 고속 성장보다 환경문제를 감안하며 더불어 성장하겠다는 창업자의 의지가 진심으로 받아들여진 결과다.

이제 마케팅 활동은 공통 관심사로 소통하고 함께 순환하는 구조로 변해야 한다. 공유하는 가운데 세상과 만나는 접점이 있고 문제 해결을 위한 아이디어도 떠오를 것이다.

< 그림 4 > 파타고니아 광고 "Don't buy this jacket"

서비스 디자인

주차장이 똑똑해졌어요

혼잡한 주말, 쇼핑 매장에서 주차비 정산을 미리 마칠 수 있다면 출차 시간이 단축되어 한결 편리할 것이다. 간소화된 주차비 정산 시스템은 출차 시 정산 담당 직원과 소비자의 스트레스를 줄이고 흐름을 원활하게 함으로써 주변 도로 정체 현상을 해결하는 데도 도움을 준다. 또 주차관제 시스템(RFID)을 이용, 주차 티켓 발급을 생략함으로써 정차 없이 진입하거나 설치 단말기에 번호를 입력하면 주차된 차량 위치를 그래픽으로 알려 주는 등 고객 주차 서비스가 크게 향상되었다.

– 롯데 백화점 잠실점 –

가입 안 해도 빌릴 수 있어요!

접근성이 용이하고 사용자 편익을 생각한 공공시스템이 있다. 서울시에서 자전거 이용 활성화를 위해 착안한 자전거 무인대여 시스템이 그것이다. 지하철과 연계성을 고려해 여의도(25개소), 상암동(18개소) 총 43개소를 운영 중에 있다. 웹사이트 회원 가입 후 간단한 KIOSK(신호 송신기) 조작만 하면 손쉬운 대여가 가능하다. 반납할 때는 자전거 바퀴를 거치대에 밀어 넣어 주기만 하면 되기 때문에 간편하다. 비회원이라도 스마트폰 인증만으로 대여할 수 있으니 IT기술력의 활용으로 이용자에 대한 편익과 유용한 서비스를 효과적으로 실행하는 셈이다.

- 서울시 공공자전거 무인대여 시스템 -

환자 중심의 스마트한 병원

RFID(Radio Frequency Identification) 기술의 활용 영역은 방대하다. 환자의 팔찌에 부착해 이들의 이동 경로와 위치 파악이 가능하며 각종 비품의 현황 관리도 간편해진다. 이 시스템으로 환자에게 맞는 온도, 조명 밝기, 컬러, 음악을 세팅할 수 있으며 모니터링함으로써 의료 서비스에 도움을 줄 뿐 아니라 환자는 병원이 자신을 배려하고 맞춰 준다는 심리적 안정감을 얻어 의료 서비스에 대한 만족도를 높인다. 병원 도착 전 환자 의무 기록을 파악하여 대기 시간을 줄이고 환자의 현 위치를 확인하여 의사가 환자를 찾아가는 서비스가 가능하다.

- 디즈니 암센터 -

'서비스 디자인'은 기존의 서비스에 이용자의 니즈(Needs)를 파악, 분석하여 항목별로 적용하는 것이다. 병원을 예로 든다면, 치료받으러 갔다가 해당 진료과를 찾는 데 애를 먹은 경험이 누구나 한두 번은 있을 것이다. 방향 사인을 참고해 보지만 화살표를 믿고 한참을 걸어가다 보면 여러 방향을 놓고 갈등하게 된다. 직접 이용자인 환자가 불편을 겪는 대목이다. 작은 불편함과 시행착오의 반복을 막고 개선할 방향과 아이디어를 찾는 것에서부터 서비스 디자인이 출발한다고 볼 수 있다.

스페이스 동선에서부터 직접적인 의료 환경 구축에 이르기까지 사전 리서치와 의견 청취를 거치며 실수요자인 환자와 가족의 경험과 니즈가 반영된 결과를 근거로 더 나은 서비스 체계를 만들어 나갈 수 있다. 이 과정에서 다양한 전문가 집단의 의견이 포함될 수 있으며 쾌적하고 합리적이며 상호 만족스러운 혁신 공간 창출이 가능해지는 것이다.

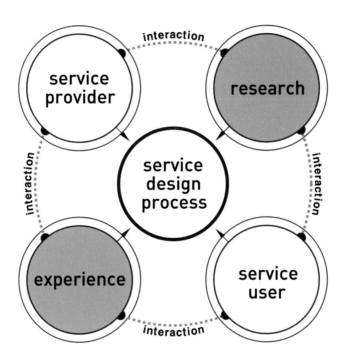

< 그림 5 > 서비스 디자인 프로세스 개념도

이노베이티브 광고의 특징들

기존 매체와의 차별성

코카콜라는 광고를 통해 '맛' 이상의 가치를 표현하고 글로벌 기업으로서 추구하는 철학을 명확하게 전달하는 것으로 정평이 나 있다. 변화무쌍한 크리에이티브를 선보이면서 즐거움은 항상 보너스!

최근 유튜브에 등장한 다음 광고를 살펴보면 간단하면서도 아이디어의 기발함이 돋보임을 알 수 있다. 손에 잡히는 주변 사물을 통해서도 이런 재미를 경험하도록 함으로써 브랜드 아이덴티티 차별화와 친밀도를 지속적으로 상승시킬 수 있다.

잡지를 펼치자 코카콜라의 광고 페이지가 나타난다. 뒷면에도 이와 같이 강렬한 광고 그래픽이 인쇄되어 있다. 그냥 광고일 뿐일까? 광고 면을 동그랗게 말아 고정 홈에 끼우자 마치 원기둥 같은 형태가 완성되었다. 이게 도대체 뭘 만든 건가 했는데, 스마트폰으로 코카콜라 FM앱을 실행시키고 곧이어 음악이 흘러나오자 잡지 가운데 파인 홈에 스마트폰을 끼워 넣는다. 흡사 아이팟 도킹 스피커를 보는 듯 제법 깔끔한 매칭에 절로 눈이 간다. 둥글게 말아 놓은 잡지가 증폭 스피커 역할을 해 그런대로 울림통 기능을 한다는 것이 신기하기만 하다. 간단한 잡지 스피커지만 재미있는 발상에 자연스럽게 호감을 가지게 된다. 어떻게 이런 아이디어가 가능할까.

이노베이티브 광고의 가장 큰 특징은 자유로운 매체 만들기가 가능하다는 데 있다. 지정된 미디어의 통제를 받아 집행되었던 기존 광고의 틀을 깨는 시대를 맞은 것이다. 잡지를 둥글게 말아 스피커로 활용한 아이디어는 어쩌면 초등학생 시

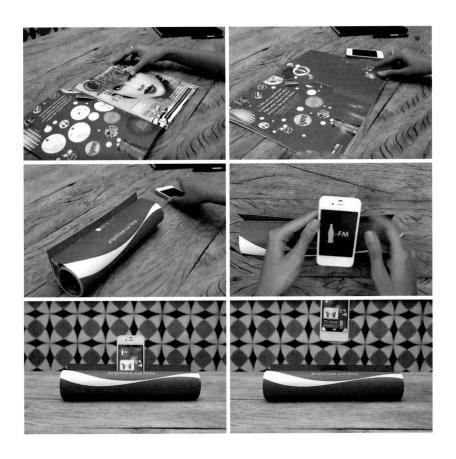

< 그림 6 > Coca-Cola Amplifique sua festa
'FM을 듣는 간단하고 기발한 방법' 편

절 즐겼던 놀이를 발전시킨 결과일 수도 있다. 장난스러운 행동이 첨단 디바이스와 결합해 의외의 결과를 만들고 관심을 유발해 낼 수 있다면? 웹 2.0 시대라는 요즘, 이렇게 시작된 관심거리는 빛의 속도로 온라인 공간에 퍼져 나가 공감을 얻으며 집단 확산 계기를 맞기도 한다. 이노베이티브 광고는 관점에 따라 얼마든지 새로운 미디어 창출이 가능하고 고정적 매체에 혁신을 기할 수 있다는 점에서 매우 특별하다.

주인공은 소비자

소비자 분석 시 '니즈'보다 설득력 있는 요인은 '인사이트(Insight)'다. 니즈가 의식에서 나온다면 인사이트는 무의식에서 비롯되며 태도나 행동을 측정하기 위해 실시하는 정량적 조사(Quantitative Investigation)가 지닌 한계를 극복할 때 상대적으로 유리하다. 이노베이티브 광고의 접근법은 정량적이기보다 정성적으로 소비자를 관찰하고 잘 표면화되지 않는 인사이트를 발견하는 방법을 취한다. 결국 소비자의 내면을 파악하여 진심을 알고 소비자가 공감하는 메시지를 크리에이티브적 표현과 연결하려는 의도가 다분히 내포되어 있기 때문이다.

다시 말해 소비자의 관심사를 제시해 주목을 유발하고 자발적 참여 동기부여 단계로 전환함으로써 주인공 입장에서 직접 행동하도록 하는 것이 핵심이다.

특정 프로모션에 참여한 소비자(주인공)가 주체가 되어 솔루션을 찾고 문제를 해결하는 가운데 소셜 미디어를 중심으로 한 해당 콘텐츠 공유 열기는 고조된다. 무의식에서 출발한 수많은 공감대가 합쳐져 절대적인 충성도를 구축하는 것이다.

< 그림 7 > Coca-Cola 'Unlock the 007 in you.
You have 70 seconds!' 편

007 시리즈 SKYFALL과 COCA COLA ZERO가 콜라보로 제작한 프로모션. 지하철 역사에 설치된 자판기, "70초 안에 6번 구역으로 가라"는 미션에 따라 도전의식이 발동한 남자는 임무 수행을 위해 달리기 시작한다. 결국 갖은 방해(?) 작전을 뚫고 마지막 단계까지 통과하자 무료 영화 티켓과 성공을 알리는 패널이 등장한다.

참가자도 구경꾼도 몰입할 수밖에 없도록 기획됐다. 특히 자연스럽게 참여해 열연한 남자의 역할이 단연 독보적이었던 영상이다. 일반인 참가자가 진짜 주인공처럼 스릴을 경험하도록 했고 그것이 500만 이상의 조회 수를 달성했다는 것은 소비자 참여 중심 콘텐츠가 가진 플러스알파의 확장성이 어느 정도인지 짐작케 해 준다.

이 외에도 참여형 콘텐츠에서 차지하는 소비자의 역할은 계속 확대되고 있다. 문화의 판도가 격변기를 맞았다고 할 만큼 기발한 면모를 갖춘 독특한 형식의 콘텐츠 제작이 최근 눈에 띄게 늘고 있으며 트렌드를 의식한 듯 이런 현상은 광고뿐 아니라 방송 콘텐츠 전반에서 꾸준히 확장되는 추세다.

최근 공중파에서 인기몰이 중인 <마이 리틀 텔레비전>도 적극적인 시청자 참여를 끌어내는 데 성공한 대표 사례로 꼽힌다. 방송에서 만나기 힘든 각계 명사들이 출연해 연예인이 아닌 일반 시청자와 먹방, 겜방, 톡방 코너를 꾸미는가 하면 장르 불문 뷰티, 요리와 일상 신변잡기에 이르기까지 테마와 섭렵 소재 면에서 종횡무진하여, 가히 예측을 불허한다.

그런데 이런 일탈 형식의 방송이 혼란스럽지 않고 오히려 재미있다. 심지어 쉴 사이 없이 채팅창을 뒤덮는 보통 사람들의 '수다 멘트'는 묘한 중독성으로 처음 보는 사람들마저 깨알 재미에 푹 빠지게 한다. 방송 내내 봇물을 이루는 수다 멘트가 이 프로그램의 백미라고 해도 과언이 아닐 만큼 지금 '마리텔'의 인기는 '핫'하다. 소수를 지향하던 인터넷 기반의 1인 미디어가 TV로 활동 영역을 넓힌 것도 흥행 원인이겠지만 가장 큰 성공 요인으로 역시 자신만의 콘텐츠로 생방송을 펼치는 출연진과 대중이 함께 엮어 내는 리얼한 소통의 과정을 꼽을 수 있다. 그리고 그 소통의 한가운데에는 언제나 방송을 먹여 살리는 시청자, 즉 소비자가 있음을 여과 없이 느낄 수 있다.

원하는 사람은 누구든 의견 개진과 함께 직접 프로그램 진행에 개입하도록 한 특유의 구성력도 탁월하지만 괴짜 멘트로 예능 센스를 동원해 가며 엔터테인먼트 방송의 묘미를 발산하는 주연급 '소비자'가 단연 강력한 흥행의 일등 공신이다. 콘텐츠, 매체 할 것 없이 이제 소비자와 관계 맺기 없이 성공을 논하는 것은 무의미하게 되었다.

혁신을 위한 New Creativity

코카콜라, 새로운 콘텐츠에 주목하다

코카콜라는 그동안 추구해 온 Creative 관점에서 'Contents Excellence'로 브랜드 전략의 틀을 바꾸고자 한다. 왜 새삼스럽게 콘텐츠에 주목하는가?

바야흐로 창조력에 대한 관점을 바꾸어야 할 때가 되었다. 아이디어의 특정 생산자가 존재하지 않으며 이제 브랜드의 기존 이미지와 퀄리티를 바탕으로 스토리가 대부분 소비자들에게서 발현되는 시대로 진입했기 때문이다. 소비자의 생각이 고도화된 네트워크 기술력과 만날 때 매우 큰 힘을 발휘하는 세상이 되었기 때문에 기업은 사람들이 각자의 상황에서 그들의 생각을 분석하고 감정과 행동을 잘 표출해 낼 수 있도록 적합한 환경을 조성할 필요가 있다고 말한다.

그렇다면 어떻게 해야 이것이 가능해질까? 해답은 기술에 있다. 코카콜라가 보유한 콘텐츠와 브랜드 이미지를 공유할 수 있는 다양한 기술력을 가진 전문가, 회사들과 협력하여 연대감을 쌓고 계속해서 발전적 시도를 해 나가는 것이다.

365일 매일같이 아이디어를 제안하고 '행동'하고 그 결과에 따라 다시 '반응'할 수 있도록 함으로써 기업의 비전과 목적 그리고 초일류 글로벌 기업이 사람들과 함께 만들어 가는 흥미로운 일상의 사건이 곧 브랜드를 기반으로 한 전혀 새로운 소비자 중심의 콘텐츠와 이야기를 만들어 낼 수 있다는 의미다.

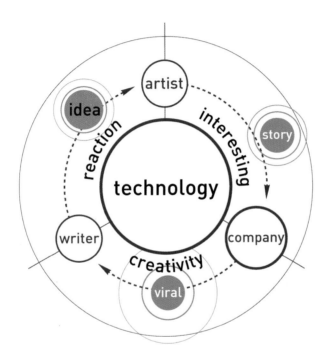

< 그림 8 > 기술력 중심의 Contents Excellence 프로세스

이 같은 콘텐츠 개발을 위해 우선 콘텐츠를 3가지로 분류할 수 있는데, 내용은 다음과 같다.

먼저 리스크가 적으며 투자의 70%를 차지하는 콘텐츠다. 현재 가장 널리 적용되는 기본 콘텐츠라 할 수 있는 인쇄 프로세스 항목이 이에 속한다.
옥외광고, 마케팅 툴 킷을 예로 들 수 있다. 기업 입장에서는 현재 수익과 재정을 지탱하는 상당 부분이 관여되어 있으므로, 당장 큰 변화를 주기보다 점진적 개혁이 필요한 영역이기도 하다.

다음으로 투자의 20%를 차지하며 리스크는 중간 수준에 해당하는 영역이다. 이 부류는 앞서 나왔던 기본 콘텐츠와는 분명 다른 차별점이 나타난다. 코카콜라에서 실시한 캠페인으로는 Fanta Mime Coca-Cola Brazil 2020을 들 수 있는데, 등장 캐릭터가 환타를 마시며 걸어가다 유리벽에 부딪히지만 마임을 하는 척하며 창피한 상황을 자연스럽게 통과한다는 내용이다. 평범한 애니메이션으로 볼 수도 있지만 온라인 소셜 매체에 노출되었다면 충분히 바이럴 효과를 기대할 수 있는 스토리이고 브랜드 인지도를 고려할 경우 소비자 기호에 따라 재미 요소가 추가된 패러디물 생성도 가능한 콘텐츠다. 'More Fanta. Less Serious.'라는 클로징 카피에서도 환타와 함께하면 심각한 분위기도 별것 아니라는 메시지가 잘 나타나 있다. 일상에서 벌어질 수 있는 해프닝이지만 영상 제작으로 끝나는 것이 아니라 사람들 입에 오르내리게 되고 전혀 새로운 화제를 낳을 수 있다는 점에서 흥미롭다.

캠페인 형식으로 시리즈 영상을 제작할 경우 평범한 일상을 즐거움으로 바꿔 주는 환타의 브랜드 이미지 메이킹 프로모션으로도 손색이 없다.

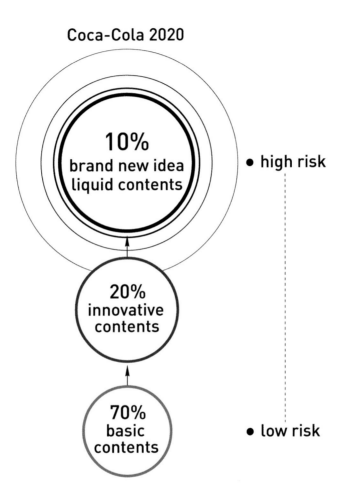

< 그림 9 > 코카콜라가 추구하는 비전 'Liquid Contents'

< 그림 10 > Fanta 캠페인 애니메이션 'Mime Spoof Brazil'

끝으로 세 번째 콘텐츠는 위험 부담이 제일 큰 영역에 속한다. 이는 아직까지는 10%를 차지하는 시작 단계이지만, 점차 70%의 실행 비중을 차지하게 될 만큼 성장할 것이며 강력한 마케팅 활동의 축으로 떠오르고 있는 핵심 콘텐츠다.

도심 한가운데, 한 무리의 사람들이 정체불명의 큰 박스를 내려놓고 사라지는가 싶더니 하나둘 모여든 인파는 물음표가 그려진 대형 상자에 관심을 보이기 시작하고 뚜껑이 열린 상자에서 환타 공이 튀어나오는 것을 보고 환호성을 지른다. 길거리는 이내 축제가 열린 듯 '환타 볼'을 굴리며 즐거운 분위기로 넘쳐난다. 처음 만난 사람들이지만 서로 협동하여 공을 굴리거나 공 위에 올라가 뛰기도 하며 주어지는 미션을 풀어 나간다. 영락없이 놀이터에 나온 아이들의 모습이다. 풍선 공한 개로 팍팍한 도시 사람들에게 재미있는 놀이를 선물한 결과가 되었다.

이러한 집단 참여형 프로모션은 브랜드를 중심에 두고 완전히 다른 차원의 새로운 개념으로 접근하는 마케팅 방식이며 콘텐츠의 적합성에 따라 사람들의 큰 반응을 불러일으키게 된다. 특히 SNS의 급진적인 확산이 바이럴 광고의 위상 정립에 많은 영향을 주는 양상으로 변화하고 있음을 감안할 때 '목표 수용자'는 물론, 소비자를 정확하게 파악하지 못한 상황에서도 지속적인 선호도를 이어 나가는 데 기여할 수 있다는 특성이 있다. 불특정 다수가 관여하고 놀이처럼 참여할 수 있는 이벤트! 놀이에 빠져들어 즐기다 보면 자연스럽게 기업, 브랜드의 철학이 느껴지고 전달 메시지가 눈에 들어오는 그런 콘텐츠 환경이 자리 잡고 있는 것이다.

소비자는 더 이상 텔레비전 채널에 의지해야만 정보를 얻을 수 있었던 옛날의 우물 안 개구리가 아니다. 지식과 통찰력으로 무장한 똑똑한 상대다. 쏟아지는 빅데이터 가운데서도 자신에게 필요한 정보를 선택해 주장하고 관여하며 새로운 아이디어를 제안하는 행동 주체로까지 진화한 소비자에 대한 재평가가 필요한 이유다.

< 그림 11 > Fanta Drink 바이럴 영상 'Big Bounce'

Liquid & Linked Content

코카콜라는 '지금까지와는 다른' 유동적이고 서로 연계성이 강화된 성격의 콘텐츠를 'Liquid & Linked Content'라고 지칭한다. 그리고 이러한 콘텐츠를 만들기 위한 환경을 조성하는 데 확고한 투자 의지를 가지고 있다.

'Liquid'와 'Linked' 이 두 용어와 연결된 세상에서는 오랜 세월 우리를 지배해 온 고정적 사고방식과 제한된 매체 환경을 넘어서는 일이 가능하며 상대적으로 적은 비용의 투자 대비 고효율 달성도 성취할 수 있게 된다. 리퀴드한 세상에서는 할 수 있는 일이 많다. 더 많은 콘텐츠 수요가 발생하므로 현재보다 발 빠르고 유연하게 대응한다면 시간과 공간에 구애받지 않는 빅 아이디어의 집행이 현실화되고 크리에이티브에 영향을 주는 다양한 스토리 역시 수많은 비정형(Irregular) 채널을 통해 쏟아지게 될 것이다.

단, 콘텐츠 수준을 높이기 위해서는 프로세스 전반에 반드시 소비자가 주체적으로 참여할 수 있는 쌍방향적 호환 기능이 가미되어야 한다. 이러한 환경에서 생산된 콘텐츠는 큰 유연성을 유지하며 대중들과 어우러져 '무엇'인가 특별한 반응으로 이어질 수 있는데, 말하자면 이것이 소비자 이슈가 녹아든 새로운 크리에이티브 모델이며 지금까지 접했던 브랜드 스토리와는 다른 콘텐츠의 차별성을 증폭시키는 중요한 핵이 될 수 있다고 보는 것이다.

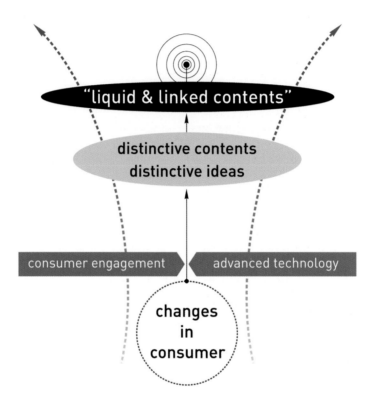

< 그림 12 > Liquid & Linked Contents 생성 프로세스

이런 생각은 사회 문제를 해결하기 위한 의미 있는 브랜드 캠페인으로 제작되어 빛을 발하기도 한다. 영유권 문제로 분쟁 중인 인도와 파키스탄 국민들에게 평화와 화해 메시지를 전할 목적으로 코카콜라 디지털 자판기를 설치해 분쟁 국가의 두 사람이 자판기 화면을 터치하고 합일되면 콜라를 무료로 제공했다.

< 그림 13 > 코카콜라 'Bringing India, Pakistan Together'

자판기에 3D 터치 스크린 기술과 라이브 영상 스트리밍, 웹캠 기술 등 테크놀로지를 적용한 이 캠페인은 긴장 국면의 사람들에게 흥미로운 체험을 제공하여 함께하자는 공존의 특별한 메시지를 전했고 약 1만 개의 콜라가 소비되었을 정도로 성공적이었다. 동시에 코카콜라가 지속적으로 전개하는 브랜드 감성 'Happiness'도 더불어 사람들의 뇌리에 깊이 각인되었을 것이다.

사람들은 더 이상 브랜드의 일방적 메시지를 좋아하지 않는다. 스스로 데이터를 분석하고 파악해 목적에 맞게 '퍼블리싱'하는 수준에 도달한 지 오래이며 소셜 미디어상에서 자발적 견해를 펼치는 창조적 주체로 진화했음을 간과해서는 안 된다.

chapter 3

이노베이티브 광고
방법론

연구하고 분석하라.

소비자에 대한
정확한 이해가
혁신을 만든다.

이노베이티브 미디어 광고란?

이노베이티브 미디어 광고는 진화하는 광고 형태의 하나로 정보 전달뿐 아니라 새로운 기술을 통한 경험적 재미 요소와 공익성을 제공한다. 트리플 미디어를 통해 소비자에게 전달되는 가치와 임팩트는 일반적인 광고와 크게 차별화된다.

새로운 접근이 필요한 이유는?

1. 소비자의 이해
문제 해결과 더불어 소비자에게 가치를 전달

2. 프로토타입 만들기
론칭하기 전에 상품과 서비스에 적용하고
소비자의 피드백을 통해 리스크 감소

3. 콜라보레이션 도구
애매모호하고 추상적인 아이디어를 시각적인 유형의
아이디어로 바꾸어 소비자와 브랜드 간 경험을 창출

The Innovative Pipe System

TIPS(The Innovative Pipe System)는 이노베이티브 광고를 도출하는 데 도움을 주는 여러 가지 방법론에 관한 것이다

TIPS는 이노베이티브 광고의 도출 과정을 시각화하고 브랜드, 제품과 소비자 간의 연결고리를 설명해 준다.

이노베이티브 광고 제작 과정에서는 표면화되지 않은 소비자의 내면까지 들여다보아야 알 수 있는 '인사이트' 분석이 가장 중요하기 때문에 이노베이티브 광고 방법론은 이러한 광고 프로세스를 정의할 수 있도록 하나의 방법론 제시와 함께, 시각화를 통해 참여자 간의 공유를 보다 손쉽게 해 주는 역할을 한다.

광고를 제작하여 전달하는 것도 중요하지만 혁신적인 광고 제작을 위해서는 소비자가 광고를 어떻게 받아들이는가도 매우 중요하다. 단순히 화려한 기법의 광고가 아닌 소비자의 마음을 흔들고 깊은 감명을 주어 뇌리에 새기게 할 수 있는 포인트가 있어야 한다.

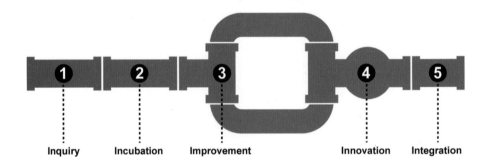

Inquiry Incubation Improvement Innovation Integration

< 그림 14 > The Innovative Pipe System 개념도

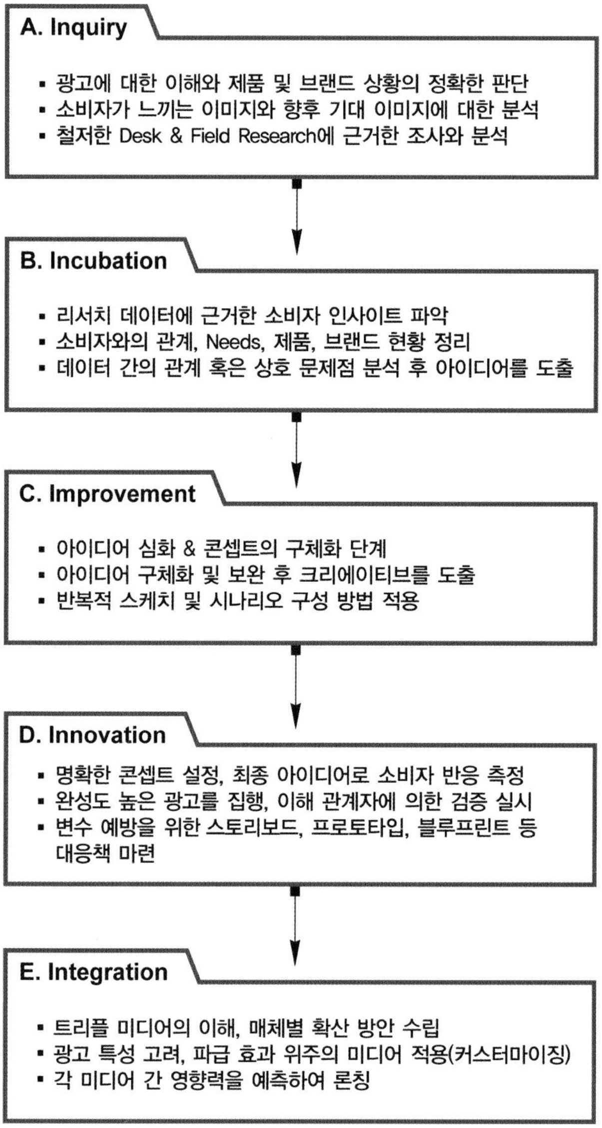

A. Inquiry

- 광고에 대한 이해와 제품 및 브랜드 상황의 정확한 판단
- 소비자가 느끼는 이미지와 향후 기대 이미지에 대한 분석
- 철저한 Desk & Field Research에 근거한 조사와 분석

B. Incubation

- 리서치 데이터에 근거한 소비자 인사이트 파악
- 소비자와의 관계, Needs, 제품, 브랜드 현황 정리
- 데이터 간의 관계 혹은 상호 문제점 분석 후 아이디어를 도출

C. Improvement

- 아이디어 심화 & 콘셉트의 구체화 단계
- 아이디어 구체화 및 보완 후 크리에이티브를 도출
- 반복적 스케치 및 시나리오 구성 방법 적용

D. Innovation

- 명확한 콘셉트 설정, 최종 아이디어로 소비자 반응 측정
- 완성도 높은 광고를 집행, 이해 관계자에 의한 검증 실시
- 변수 예방을 위한 스토리보드, 프로토타입, 블루프린트 등 대응책 마련

E. Integration

- 트리플 미디어의 이해, 매체별 확산 방안 수립
- 광고 특성 고려, 파급 효과 위주의 미디어 적용(커스터마이징)
- 각 미디어 간 영향력을 예측하여 론칭

< 그림 15 > The Innovative Pipe System Process

A. 발견(Inquiry)

시장 환경과 트렌드에 대한 조사가 선행되어야 한다. 팀원들 간의 제품 또는 브랜드에 대한 이해도가 충분한지에 대한 토론이 필요하며 어떤 문제에 집중해야 할지 판단하는 사전 단계다.

리서치를 위해서는 치밀한 조사 계획이 따라야 한다. 이노베이티브 광고의 핵심은 상식적인 선의 조사가 아닌 지금껏 경험하거나 보지 못한 소비자의 인사이트를 발견하고 아이디어를 내는 과정이기 때문이다.

데스크 리서치(Desk Research)

데스크 리서치는 보고서, 논문, 규정, 문건 등을 살펴보고 사전 연구를 하는 과정이다. 새로운 제품이나 서비스의 개선을 이끌어 내는 정보의 원천은 마켓이나 리서치 데이터다. 데스크 리서치는 일반적인 정보를 다루고, 중요한 타깃 고객 그룹으로부터 정보를 얻는 자체적인 내부 마케팅 결과, 고객 통찰, 리서치팀의 자료 분석 결과일 수 있다. 또한, 데스크 리서치는 제품, 서비스, 브랜드 인식, 고객 만족, 경쟁자 분석과 경쟁사와 비교하여 회사의 수행에 관한 피드백을 포함한다. 디자이너와 다른 프로젝트팀에 의해서 수행되는 이런 분석들을 통해서 마켓의 틈새와 혁신과 향상을 위한 영역이 규정된다.

구체적인 자료로 경쟁 서비스 관련 현황 보고서, 조사 업체 공개 자료 및 판매 자료와 같은 조사 업체 자료, 기관, 학계 및 기업의 관련 연구 자료, 해당 분야 관련 기관의 간행물, 관련 학회 논문 및 학위 논문, 신문 방송 등의 관련 분야 기사

및 보도 내용와 같은 언론 보도 자료, 그리고 인터넷 자료 검색이 있을 수 있다.

친화도법(Affinity Diagram)

친화도법은 대량의 데이터나 아이디어, 인사이트 등의 상호 연관성 입증을 통해 정보를 수렴하고 조직화하는 데 사용된다. 서비스의 목적, 기능, 방법 등 다양한 주제에 대해 이해 관계자들의 경험 또는 예측 경험 상황들을 분석할 수 있다. 또한, 브레인스토밍 등을 통해 나온 정리되지 않은 아이디어들을 프로젝트의 목적이나 주제의 연관성에 따라 구체화하는 데 효과적이다.

오랜 시간이 걸리는 심층 토론보다는 떠오르는 아이디어를 빠르게 옮겨 내는 것이 중요하다. 다양한 의견을 공유할 수 있는 환경이 중요하다. 분류 방식이 다른 접근의 경우 독자적으로 분석 작업을 시도할 수 있는 환경이 제공되어야 한다.

참가자(이해 관계자)/큰 스크린(칠판이나 벽면 활용)/스틱노트(포스트 잇)/필기구가 필요하다.

실행 과정은 다음과 같다.

첫째, 아이디어 생성 및 전개
둘째, 연관된 아이디어들의 그룹화
셋째, 그룹별 대표 단어(Header card) 도출
넷째, 완료 다이어그램 만들기 및 결과 정리

섀도잉(Shadowing)

연구자는 섀도잉을 통해 참가자의 일상을 긴밀히 관찰하며 그들의 행동과 결정을 내리는 방식에 대한 핵심적인 통찰을 얻을 수 있다.

섀도잉은 사람들이 일상에서 어떻게 생활하는지를 직접 따라다니면서 관찰하는 방법으로, 관찰 대상과 같은 공간에서 그들의 체험을 실시간으로 공유함으로써 상세한 정보를 수집하고 통찰을 얻는 방법이다. 가능한 한 사진이나 상세한 설명, 스케치나 오디오 등으로 관찰 결과를 문서화해 두는 것이 좋다.

섀도잉의 변형으로 경찰관이나 응급실에서 근무하는 의료진을 따라다니는 방법이 있다. 업무나 역할에 따라 동행 관찰을 시행하기 위한 특별한 승인 과정이 필요할 수도 있다. 연구와 관련된 위험 요소가 있는 경우에는 사전에 면밀히 검토하여 과연 그 위험을 무릅쓸 가치가 있는지 판단하도록 한다. 간단한 일상을 관찰하는 경우라도 꼭 참가자의 동의를 얻도록 하고, 사람들이 관찰당한다는 사실로 인해 일상의 자연스러운 행동에 변화가 생기지 않도록 적절한 거리를 유지하도록 한다. 이런 규칙을 지키는 한도 내에서 필요에 따라 관찰 대상자에게 질문이나 대화를 시도할 수 있다.

B. 정의(Incubation)

리서치를 통한 로우 데이터들은 그것을 어떻게 가공하고 분석하느냐에 따라 여러 가지의 결과를 가져올 수 있다. 내포되어 있는 의미를 분석하고 파악하여 제품 또는 브랜드의 전략적 방향을 세우기 위한 단계다. 데스크 리서치 등의 정량적 데이터와 심층 인터뷰 등의 정성적 데이터와의 관계를 분석하고 소비자 패턴을 도출하여 전략 방향성을 결정한다.

심층 인터뷰(In-depth Interview)

심층 인터뷰는 면접자가 대화에 대한 일반적인 통제권은 가지고 있지만 응답자가 제기하는 구체적인 주제나 내용에 귀를 기울이면서 자료를 수집하는 과정이다. 응답자의 이야기가 대화의 대부분을 차지하는 것이 이상적이다. 심층 인터뷰는 사전에 면밀히 준비해야 하며, 어떤 틀에 고정됨 없이 유연하고, 빈틈없이 다각도로 사고하며, 질문의 계속적인 재구조화가 요구되는 과정이다.

심층 인터뷰의 특징은 양적 연구에서 자주 사용되는 구조화된 인터뷰와 비교하면 보다 쉽게 이해할 수 있다.

첫째, 심층 인터뷰는 인터뷰 대상자와 친밀한 관계, 즉 라포르(Rapport)를 중요시한다. 인터뷰 진행자는 인터뷰 전 라포르 형성을 위해 노력하며, 인터뷰 대상자를 선정할 때도 인터뷰 대상자에게 또 다른 대상자를 소개받는 형식을 취하는 이유도 여기에 있다. 라포르가 형성되었을 때 좀 더 자연스러운 상호작용적 대화가 발생하며, 예상치 못한 깊은 수준의 내용을 얻을 수 있다.

둘째, 인터뷰 진행자가 중립적인 태도를 준수해야 하는 구조화된 인터뷰와 달리 질적 연구에서 심층 인터뷰는 반응에 따라 관심을 표현할 수 있으며, 심층 응답을 요구할 수 있다. 경우에 따라 농담, 재치, 이야기, 일화 등 다양한 내용의 응답이 가능하다.

셋째, 구조화 인터뷰는 모든 응답자에게 동일한 순서로 표준화된 질문을 제시하는 반면 심층 인터뷰는 질문의 요지와 순서가 응답자나 상황에 따라 달라질 수 있다.

넷째, 구조화 인터뷰는 폐쇄형 질문(Closed Question)이 주류가 되고 가끔 심층 탐색 질문이 주어지지만, 심층 인터뷰는 개방형 질문(Open-Ended Question)과 함께 심층 탐색 질문이 빈번하게 주어진다.

고객 유형 분석

고객 유형 분석은 서비스 소비자 환경을 분석하기 위해 이용한다. 고객들이 경험하는 서비스 환경 분석 및 숨겨진 니즈 분석, 쟁점 사항을 도출하며, 원활한 서비스 환경 개발을 위해 소비자의 서비스 행태를 분석하여 차후 서비스 전략, 콘셉트를 반영한다.

고객 유형 분석을 위한 소비자 행태 조사 설계는 먼저, 소비자 분석 목적 수립 - 서비스 조사 프레임워크 개발과 조사 대상 선정으로 이루어진다. 다음으로 조사 수행은 소비자 행태를 파악하고 서비스 경험 정보를 분석한다. 서비스 접점 분석은 고객과 서비스 간의 인적·물적·지적 정보를 분석한다. 이렇게 분석된 서비스 정보를 바탕으로 서비스 Flow를 분석한다. 마지막으로 서비스 쟁점을 도출한다. 구체적으로 소비자 관점에서의 서비스 맥락 시각화를 통한 쟁점을 도출한다.

고객 유형 분석을 위해 정성 조사로 서비스 맥락 관찰, 소비자 행태 분석, 서비스 접점 분석이 이루어지며 정량 조사로써 심층 설문조사 등을 통한 데이터 분석을 한다. 또한 심층 인터뷰, 관찰조사, 섀도잉 등과 같은 고객 서비스 맥락 조사를 위해 전문업체에 의뢰할 수 있는데, 이때 고객 서비스 경험 특성 조사, 분석, 쟁점 및 개선점을 도출한다. 고객경험지도(Customer Journey Map)와 인터뷰 또한 활용된다.

타깃과 퍼소나

퍼소나는 유사한 사용 패턴을 지닌 고객 그룹의 대표 정의를 위해 사용한다. 시장 세분화(Market Segments)와 달리 고객의 사용(소비)에 집중하며 사용자 행위의 분석을 통해 소비자 행동과 주변 정황을 상세히 전달하고 소비자의 드러나지 않은 행동 동기를 분석한다. 퍼소나는 서비스의 특성과 필요 요소에 대한 판단 기준을 제공함으로써 디자인 의사 결정에 도움을 준다. 또한 개발자, 디자이너 및 임직원 간의 원활한 의사소통의 매개 역할을 한다.

퍼소나와 연관된 개념에는 사용자 프로파일(User Profiles), 사용자 역할 모델(User Role Model), 시장 세분화(Market Segments)가 있다.

사용자 프로파일은 인구 통계학적 정보, 사진, 이름, 직업, 자녀 유무 등 짧은 소개글로 구성되며, 디자이너가 생각하는 전형적인 사용자 타입에서 비롯된 경우가 많다. 퍼소나 개발 과정에 사용되는 경우, 더 중요한 정보를 생생하게 전달하기 위한 보조 장치 역할을 한다. 사용자 역할 모델은 특정 사용자 그룹의 특성을 일반화하여 분석하는 기법이다. 소비자 니즈, 관심사, 기대, 행동 패턴 등 일반적인 특성을 나열한다.

사용자 역할 모델은 사용자의 목표를 포함하지 않으며, 사용 동기와 서비스가 활용되는 주변 정황 등의 중요한 정보의 전달이 어렵다. 퍼소나처럼 실제 소비자로 표현되지 않기 때문에 실제감이 떨어진다.

시장 세분화는 마케팅 영역에서 주로 사용된다. 사용자의 인구 통계학적 정보를 중심으로 제작하며, 구매 패턴과 제품 구매 의사에 초점을 둔다. 반면, 퍼소나는 사용자의 목표와 동기, 행동 패턴이 더 중요한 정보다.

고객여정지도

고객여정지도는 서비스와 인터랙션 개선을 위한 뼈대로서 서비스를 이용하는 고객의 경험을 시간의 흐름에 따라 기술한다. 고객여정지도를 통해 총체적인 서비스 사용자 경험을 조망하고 각 터치 포인트를 파악할 수 있다. 또한 특정한 상황(Context)과 연관된 사람, 자원, 조직에 관한 효과적인 서비스 인터페이스를 파악하게 한다.

고객여정지도는 눈에 보이지 않는 무형의 서비스를 흐름에 따라 정밀하게 분석할 수 있다. 고객의 관점에서 기존 서비스 환경의 성장 가능성을 파악하며, 각 서비스 채널 간의 시너지에 대한 통찰력을 확보한다. 이러한 분석을 바탕으로 서비스 환경에 대한 고객의 인식에 효과적인 대응이 가능하며, 혁신적인 서비스 콘셉트를 개발하고 최적의 고객 경험을 제공하는 데 효과적인 분석 방법이다.

고객여정지도를 만드는 순서는 다음과 같다.

첫째, 고객 유형의 이해
둘째, 초기 가설 설계
셋째, 고객 여정, 요구 사항 및 인식 조사

넷째, 고객 조사 데이터 분석 – 터치 포인트 및 상호작용 분석 – 기쁨 포인트(가능성)/고통 포인트(서비스 장벽) 분석
다섯째, 고객여정지도 작성 – 터치 포인트에 관한 고객 경험(감성) 기술

연애 편지, 작별 편지(The Love Letter & The Breakup Letter)

사람들에게 제품을 상대로 편지를 쓰게 함으로써 사람들이 일상에서 추구하는 가치가 무엇이며 제품을 사용하여 얻고자 하는 것이 무엇인지에 관해 깊은 통찰을 얻을 수 있다.

연애 편지와 작별 편지는 사람들이 제품이나 서비스에 대해서 어떤 생각을 갖고 있는지 알아볼 수 있는 직관적 방법이다. 참가자에게 제품을 의인화하여 개인적인 소감을 담은 편지를 쓰도록 하고, 그 결과를 통해 연구자는 사람들이 일상에서 제품과 맺는 관계에 대한 예상치 못했던 사실을 깨닫게 된다.

두 종류의 편지 쓰기 모두 디자인 워크숍, 집단 인터뷰 혹은 알아가기 과정과 같이 집단을 대상으로 하는 연구에 적합한 방법이다. 참가자들에게 10분 안에(10분이 넘으면 사람들은 쓸 내용에 대해 불필요하게 많은 생각을 하게 된다.) 편지를 쓰게 한 다음, 원하는 사람에 한해 다른 사람들 앞에서 자신이 쓴 편지를 읽도록 한다. 참가자가 편지를 읽는 장면을 녹화하는 것도 중요한다. 이는 글에는 나타나기 힘든 비언어적 정보가 표정이나 목소리에 녹아 있기 때문이다. 또한 녹화한 동영상을 프로젝트 관계자들과 함께 편집함으로써 의미 있는 대화를 이끌어 낼 수 있다. 참가자들이 작성한 편지는 연구 자료로 잘 보관하도록 한다. 편지를 쓰는 방식, 즉 좋아하거나 실망했던 제품에 대해 가졌던 감성과 깊은 감정을 전달하는 방식에 대해서도 탐구해 보는 것이 좋다.

이미지 분석

서비스가 사용자에게 일반적으로 제공하는 분위기를 경험할 수 있도록 만든 그래픽 결과물로서 사진이나 재료를 모아서 시각화한다. 무드보드는 그래픽 디자인의 요소들인 타이포그래피, 그림, 사진, 색상, 레이아웃, 스타일 등이 강조된다. 또한 무드보드는 개발자들의 서비스에 대한 인식이 하나로 모일 수 있도록 유도한다. 말로 표현하기 힘든 서비스 시스템을 무드보드로 정리하여, 개발자 간 커뮤니케이션에 활용할 수 있다. 광고에서 디자인 기획 단계에서 시안의 제작 방향(룩앤필 + 콘셉트)을 보다 명확하게 설명할 때도 유용하다.

무드보드는 기획 프로세스의 일부로 디자인 개발이 시작되기 전에 콘셉트와 연관성 있는 이미지, 텍스트, 스타일시트 등을 한군데 모아서 시각화의 용도로 사용되기 때문에 특정 프로세스를 가지고 있는 것은 아니다. 제작 툴로는 주로 포토샵이나 일러스트레이터, 인디자인과 같은 간단한 그래픽 편집 툴이 사용된다.

C. 개선(Improvement)

광고 목표를 바탕으로 소비자들의 인사이트 중에 광고 대상에 적용하여 문제를 해결할 수 있는 것들을 만들어 내는 아이디어가 필요하다. 하나의 콘셉트를 바탕으로 그에 파생되는 아이디어들은 스케치나 시나리오 등을 작성하여 구체화하고 가능한 한 많은 아이디어를 내도록 한다.

브레인스토밍

브레인스토밍은 전통적으로 특정 과제에 대한 콘셉트와 아이디어를 생산해 집단의 창의성을 독려하고자 사용되어 왔다. '질보다 양', '판단이나 비판하지 않기', '서로의 아이디어를 함께 발전시키기', '특이한 생각을 기꺼이 받아들이기' 등이 잘 알려진 브레인스토밍의 기본 법칙들이다. 이러한 법칙을 적용하는 이유는 새로운 아이디어를 자유롭게 떠올려 표현할 수 있는 장을 마련하고, 판단을 유보하여 참가자의 심리적 부담을 덜어 주기 위함이다. 최근에는 생각의 흐름을 원활하게 하기 위한 목적으로 브레인스토밍을 하기도 한다. 사람의 마음은 일련의 관계 속에서 정보를 정리하고 저장한다. 브레인스토밍 웹, 트리 다이어그램, 플로 다이어그램은 시각적인 브레인스토밍을 통해 디자인팀이 기존 생각에서 벗어나 새로운 방식으로 사고하고 의미를 부여할 수 있게 한다. 이러한 방법들을 이용하면 새로운 지식과 의미를 얻을 수 있으며, 브레인스토밍 과정의 내용을 시각적으로 정밀하게 기록할 수 있다.

케이제이 기법(KJ Technique)

케이제이 기법은 복잡한 아이디어와 정보를 일목요연하게 정리하여 합의를 도출해 내는 활동이다. 팀 회의에서 케이제이 기법의 형식을 활용하면 사람들의 머릿속에 있는 모든 정보를 이끌어 내고, 체계화하고, 우선순위를 정해 결과적으로 팀원 간의 합의를 이끌어 낼 수 있다. 전통적 형식의 회의에서는 해당 문제에 대해 충분히 생각해 보고 혼자 이해해 볼 수 있는 시간이 거의 주어지지 않는다. 이는 팀이 제대로 역할을 수행하지 못하고 있다기보다는 전통적 회의 형식의 한계라 할 수 있다. 이렇듯 한 가지 문제에만 집중하여 모든 사람이 동일한 과제를 동시에 수행하도록 하는 전통적 회의 형식의 한계를 뛰어넘기 위하여 케이제이 기법이 고안되었다.

케이제이 기법의 강점은 다음과 같다.

케이제이 기법은 침묵 속에서 진행한다. 케이제이 기법에서는 시간을 효율적으로 사용한다. 집단의 압력이 결과물에 영향을 미치지 않는다.

연구팀은 한두 시간 안에 남겨진 기록으로 친화도법을 진행하여 팀원들의 지식, 관찰한 사항, 염려하는 점, 아이디어 등을 시각화하여 정리할 수 있다. 케이제이 기법으로 얻은 결과물은 주관적이고 정성적이지만, 이를 통해 팀원들이 한데 모여 문제를 풀고 다음에 무엇을 해야 할지 우선순위를 정할 수 있는 효과적인 방법이다.

시나리오 작성

시나리오는 사용자의 시점에서 쓴 제품의 가상 사용기로, 해당 제품이 일상생활에서 어떻게 사용되는지 보여 준다. 시나리오를 통해 디자인팀은 기술적인 측면만을 강조하는 디자인이 아닌, 실제로 사람들의 일상생활을 개선할 수 있는, 문화적으로 의미 있는 제품을 만드는 데 집중할 수 있다. 시나리오의 형식은 기본적으로 사진, 그림 등이 더해진 이야기 형식이며, 퍼소나의 관점에서 작성하는 것이 일반적이다. 퍼소나와 시나리오의 관계처럼 시나리오와 스토리보드도 함께 사용하는 것이 유용하며 두 가지 방법 모두 실제 사용자의 관점을 전달해 준다. 시나리오는 널리 쓰이는 전략적인 기획 도구이며, 팀들 간에 제품의 비전과 목표를 몇 달이든 몇 년이든 상관없이 공유하고 일치시킬 수 있도록 돕는 강력한 방법이다.

D. 혁신(Innovation)

광고의 결과물을 만들기 위한 최종 단계다. 결과물은 제품이나 서비스 등 다양한
형태로 존재할 수 있다. 최종 결과물의 완성도를 높이기 위해 노력해야 한다. 스
토리보드나 프로토타입 등을 구성하고 블루프린트 등으로 전체를 구성하는 것
을 고려해야 한다. 실내외에 설치되는 것일 경우 더 많은 고려 사항을 체크해 가
며 실행해야 한다.

스토리보드

스토리보드는 특정 기술이나 제품이 사용되는 맥락을 시각적으로 전달하여 공
감을 불러일으키는 방법이다. 스토리보드는 다양한 경로를 통한 사용자와의 접
점을 재구성할 수 있게 하며, 초기 디자인 과정에서 다양한 디자인 대안을 모색
할 수 있게 한다.
스토리보드 작성 시 예술적 혹은 사진처럼 사실적인 묘사는 필요치 않다. 간단하
고 추상적인 막대그림이 종종 특정 세부 내용이나 주제에 보다 효과적으로 집중
할 수 있게 한다. 그림으로 그리는 게 쉽지 않은 콘셉트나 아이디어를 표현할 때
는 글을 이용하여 시각적 표현만으로 부족한 부분을 보충하도록 한다. 사람과 사
물을 각각 강조하거나 동시에 강조할 수도 있다. 한 아이디어를 전달하기 위해 적
절한 스토리보드 그림의 개수는 3~6개 정도의 컷이다. 또한 이야기 장면에서 큰
시간의 경과가 있을 때는 디자인 요소 중 하나로 시간을 표현하도록 한다.
스토리보드는 누구에게 어떤 종류의 정보를 전달하려고 하는지에 따라 이야기의

종류나 제작 방식이 달라지며 프로젝트 관계자를 위한 것이라면 다양한 디자인의 잠재적 가능성을, 개발자나 프로그래머를 대상으로 한다면 제품이나 기계가 사용될 법한 장면이나 상황을, 디자이너를 대상으로 한다면 인터페이스를 확대한 상세 그림을 보여 준다. 사용자가 묘사한 상황이 그들에게 현실감 있고 의미 있는지 알아보기 위해 공감을 불러일으킬 만한 상황을 묘사하도록 한다.

프로토타입

프로토타입은 디자인팀 내부 혹은 클라이언트나 사용자와 함께 아이디어를 실험하고 발전시켜 나가기 위해 다양한 완성도의 물건을 실제로 제작하는 방법이다. 프로토타입은 그 과정을 통해 디자이너, 디자인팀, 클라이언트, 잠재적 사용자 등이 실제로 콘셉트를 실험해 볼 수 있는 기회를 얻게 되기 때문에 매우 중요하다. 디자인 프로토타입은 정확도와 완성도에 따라 분류하며 단순 프로토타입(Low-Fidelity Prototype)과 정밀 프로토타입(High-Fidelity Prototype)으로 나뉜다. 단순 프로토타입은 초기 아이디어 도출 단계에 주로 사용되며 콘셉트 스케치, 스토리보드, 스케치 모형 등과 같은 형태로 표현된다. 이는 주로 내부적으로 진행 상황을 점검할 때 사용한다. 정밀 프로토타입은 보다 다듬어진 형태로 최종 제품의 외관과 느낌을 담고 있으며 기본적인 기능이 탑재된 경우도 있다. 이 프로토타입은 평가 실험에서 유용하게 사용되며 이를 통해 미적 요소, 형태, 상호작용, 사용성 등에 대해 평가를 내린다.

블루프린트

서비스 블루프린트(서비스 청사진)란 서비스 사이클에서 고객의 경험을 여러 서비스 제공자가 제공한 개별적 조치들과 연관시켜 작성한 흐름도다. 이는 고객과 관련된 부서들이 취하는 여러 가지 활동들을 시간의 흐름에 따라 보여 주며, 그들 사이의 상호작용을 보여 준다. 블루프린트의 특징은 흐름도에 포함된 일련의 서비스 활동들을 가시선(Line of Visibility)의 개념을 도입하여 눈에 보이는 전방 업무와 보이지 않는 후방 업무로 나누어 보는 것이다. 전통적으로 블루프린트는 서비스 마케팅에서 이미 사용되고 있었으나 서비스 디자인 블루프린트는 서비스 디자인의 모든 것을 조직 내외의 이해 관계자가 효과적으로 커뮤니케이션할 수 있도록 객관적이고 시각적인 언어로 쓰여진 경험 중심적인 서비스 마스터 플랜이라고 할 수 있다.

서비스 블루프린트는 새로운 서비스 개발이나 평가에 대해 유익한 정보를 제공한다. 예를 들어 외식업의 경우, 종업원과 고객 간의 직접적 접촉이 많은 서비스 형태이기 때문에 특히 서비스 접점에서의 관리가 중요하다. 고객과 종업원 간의 서비스 접점은 직접적으로는 상호작용 선상에서, 간접적으로는 고객의 물리적 증거로부터 이루어진다.

E. 통합(Integration)

완성된 광고에 대하여 영상으로 결과물의 최종작을 만들어야 한다. TV-CM은 최대 30초이지만 소셜 미디어를 이용하는 영상이기 때문에 1분 이상의 영상물이어도 가능하다. 하지만 너무 길어질 경우 전달률이 기대에 미치지 못하는 것도 고려해야 한다. 또한 이것이 트리플 미디어에서 어떻게 순환되어 효과적으로 소비자에게 도달할지에 대한 철저한 예측을 해야 한다. 효과적인 매체 역시 철저하게 조사하여 선정해야 한다.

영상물 제작

영상물 제작을 위해 기획서, 크리에이티브 브리프를 작성하여 클라이언트에게 승인을 받는다. 카피라이터, 프로듀서, 아트디렉터가 모여 아이디어 회의를 통해 광고 아이디어를 도출한다. 결정된 스토리보드를 잘 소화해 낼 감독 및 제작사 선정을 마치면 촬영 전 클라이언트와 광고 대행사, 제작사의 감독이 만나 영상물 제작의 확인 승인을 한다. 이를 통해 영상물 제작을 위한 사전 협의는 모두 갖추어졌다. 이제 가장 효과적으로 소비자에게 어필할 수 있는 영상물을 제작 및 편집한다.

트리플 미디어 플래닝

소셜 미디어와 온라인 PR에 대한 중요성의 증가로 점점 더 많은 기업들이 트리플 미디어 플래닝을 중요하게 생각하고 있다. 트리플 미디어는 앞서 살펴본 3가지 유형으로 구분된다. 페이드 미디어, 언드 미디어, 온드 미디어가 그것이다.

페이드 미디어는 방문자 유입과 콘텐츠의 노출, 그리고 전환(Conversion)을 위해 유료로 진행되는 검색, 디스플레이 광고 혹은 제휴 마케팅을 의미한다. 인쇄, TV 광고 그리고 다이렉트 이메일 등 전통적인 미디어는 여전히 페이드 미디어 예산의 대부분을 차지한다.

전통적으로 언드 미디어는 브랜드 인지도를 높이기 위해 언론 등의 영향력자들을 대상으로 하는 PR 활동을 일컫는다. 물론 기업의 투자가 요구되는 활동이다. 그러나 최근 언드 미디어는 기업의 바이럴 마케팅과 소셜 미디어 마케팅을 통해 생성된 소셜 네트워크와 블로그, 그리고 기타 커뮤니티 내의 온라인 대화들을 포함하며 이는 퍼블리셔, 블로거, 그리고 충성 고객을 포함한 인플루언서와 같은 다른 유형의 온라인 유저로부터 구축된다. 또한 온라인과 오프라인 양쪽 모두에서 생성되어 확산되는 대화 역시 언드 미디어에 속한다.

브랜드가 소유한 미디어인 온드 미디어에는 자사의 웹사이트, 블로그, 모바일 어플리케이션, 그리고 공식 페이스북이나 트위터 같은 소셜 미디어 계정도 포함된다. 뿐만 아니라 소매 매장과 브로셔 같은 오프라인 채널도 온드 미디어에 속한다.

효과 분석 측정

광고 효과 분석이 필요한 이유는 사후의 광고 캠페인을 더욱 효과적으로 개선하기 위해서다. 광고는 기업의 연간 예산 중 큰 비중을 차지해 가고 있는 분야이기 때문에 그러한 지출을 정당화하기 위한 구체적 근거가 필요하다.

광고 효과 분석은 실행 시기에 따라 사전 테스트, 사후 테스트로 구분되며 광고의 최종 목표에 따라 커뮤니케이션 효과 분석, 마케팅 효과 분석으로 나뉜다.

광고 사전 조사는 광고를 제작하여 매체를 통해 집행하기 전에 광고 기획 방향과 일치하는지 얼마나 효과적으로 제작되었는지를 분석 및 조사하는 것이다. 광고 조사의 일반적 접근법으로는 체크리스트법, 소비자 패널 조사, 정신생리학적 조사가 있다. 광고 조사의 실제적 접근법으로는 광고 크리에이티브 조사, 즉 콘셉트 테스트, 카피 테스트 등이 있다. 다음으로 인쇄 매체의 광고 조사, 전파 매체의 광고 조사가 있다. 광고 사후 조사는 광고를 집행한 후 그 결과를 측정하는 방법으로 인식 테스트법, 회상법이 있다.

광고에서의 커뮤니케이션 효과 분석은 광고 기획 시 광고 목표를 설정할 경우 대부분은 광고의 커뮤니케이션 측면에서 목표를 설정하며 광고의 목표는 소비자에게 구체적인 커뮤니케이션의 과업이기 때문에 이루어진다. 먼저 인지율 조사법이 있다. 이것은 최초 상기도, 비보조 인지율, 보조 인지율, 총합 인지율의 4가지로 구분된다. 다음으로 메시지 침투율 조사, AD-Score 조사가 있다.

광고에서의 마케팅 효과 분석은 인지율과 구매율과의 관련성을 발견하는 실험적인 연구 방법과 광고가 판매에 미치는 효과를 측정하는 광고 효과 지수표를 활용한다.

Part II

기발한
따뜻한
유쾌한

이노베이티브 광고를
만나다.

chapter 4

브랜드를 설명하다?
브랜드를 놀게 하다!

참여시켜라
즐기게 하라

브랜드를
설명하던 시대는
끝났다.

이제
이해가 아니라
경험이다.

1. McDonald's

감동의 맥 드라이브 스루를 만나다
맥도날드의 I'm Lovin it 24 캠페인

운전자가 지루함을 느끼는 순간은 언제일까? 고속도로 톨게이트에서 정체가 심하다면 운전자는 지루해서 견딜 수가 없을 것이다. 그렇지 않아도 차가 밀리는데 톨게이트에 차를 세우고 요금을 내야 하니 정체 시간은 더 길어지고 스트레스도 더할 것이 분명하다. 맥도날드는 이러한 상황에 주목했고 짜증스러운 톨게이트를 맥 드라이브 스루로 바꾸는 프로모션을 진행했다. 이 프로모션은 2015년 3월 24일 24개 도시에서 24시간 동안 즐길 수 있는 'I'm Lovin it 24 캠페인'의 일환으로 진행되었다. 참고로 이 'I'm Lovin it 24 캠페인'은 맥도날드를 사랑하는 전 세계 고객들에게 행복과 즐거움을 전하고자 진행된 캠페인이다. 'Free breakfast, Free toll, Sheer joy'라는 슬로건으로 '무료 아침 식사, 무료 톨게이트 비용, 그리고 즐거움을 느껴라!'라는 메시지 등 의미 있는 가치를 이 캠페인을 통해 전달했다. 프로모션이 진행된 장소는 필리핀 마닐라의 한 고속도로 톨게이트였다. 맥도날드는 톨게이트 전체에 맥 드라이브 스루를 설치했으며 그곳을 지나는 운전자와 동승자들에게 맥모닝을 제공하고 요금소 통과 비용까지 납부해 주었다.

짜증 나고 지루했을 일상에 맥 드라이브 스루의 깜짝 등장과 함께 즐거운 재충전은 물론 삭막한 고속도로가 행복과 즐거움을 주는 공간으로 탈바꿈했다. 이 모두가 맥도날드 덕분이다. 맥도날드와 함께라면 오늘도 해피데이!

2. 삼성전자

수중 셀카 찍으면 행운이 내게로
Underwater Selfie

"이 스마트폰은 방수 기능이 정말 탁월합니다!"를 강조하기 위한 가장 효과적인 방법은 무엇일까? 스마트폰을 물속에 넣었다가 꺼내어 이상 없다는 걸 증명한다면 OK!

스위스 취리히, 호수 주변 어디에선가 울리는 휴대폰 벨소리에 한낮 정취를 즐기던 젊은 커플들의 대화가 잠시 중단된다. 잠시 후 물속에서 잠수복을 입은 남자가 나타나 스마트폰을 들어 올리며 사람들에게 통화를 권한다. 얼결에 통화를 한 젊은이들은 망설임 없이 옷을 벗고 물에 뛰어드는 것이 아닌가. 뭔가 솔깃한 제안을 받은 것이 틀림없다. 구경꾼들의 관심이 쏠리는 가운데 하나둘 물속으로 다이빙하는 사람들, 손에는 갤럭시 S5가 들려 있다. 촬영이 있었던 당시 취리히의 기온은 영상 15℃, 수온은 그보다 더 낮은 8℃에 불과했으니 꽤 쌀쌀한 날. 수영하기에는 이른 때였음에도 불구하고, 과연 어떤 제안이 그들을 흔쾌히 물속으로 뛰어들게 했을까?

'방수 휴대폰'이라는 장점을 어필하기 위해 계획된 이 광고는 "갤럭시 S5를 들고 물속에 들어가 셀카를 찍으면 갤럭시 S5를 선물로 드립니다."라는 돌발 제안을 함으로써 소비자가 자발적으로 프로모션에 개입하도록 했다.

걸려 온 한 통의 전화로 시작된 이 '화끈한 이벤트'는 제품 특성을 효과적으로 전달하는 동시에 현장에 있던 사람들의 참여를 이끌어 내는 것은 물론 재미까지 충족시켜 주었다.

USP(Unique Selling Proposition) 전략 도입과 참가자와의 인터랙션을 유쾌하게 이끌어 냈다는 점에서 또 하나의 멋진 성공 캠페인으로 기록될 것이다.

#UNDERWATERSELFIE

Samsung Electronics Switzerland GmbH:
Anja Olsson (Head of Marcom), Jennifer Rimann (Marcom Specialist),
Adrian Iten (Digital Marketing Manager), Jelena Noll (Digital Marketing Specialist)

Serranetga AG:
Florian Beck (Creative Direction), Mitch Bekk (AD/Regie), Leoni Klump (Copy),
Julia Miller (Screen Design), Nicolas Hostettler (Consulting), Maurizio Rugghia (Managing Direc-
tor), Cheese & Chocolate Film SA (Camera/Sound)

3. Colun

돈보다 건강이 중요하다는 철학
Así da gusto pagar

칠레에서 가장 인지도가 높은 유제품 회사인 'Colun'에서는 새롭게 출시한 저지방 우유 'Colun Light'의 프로모션을 위해 지금까지와는 다른 독특한 방법으로 접근했다. 신제품 우유를 등장시키는 대신 '건강해지기 위해서는 지방을 줄여야 한다'는 콘셉트를 메시지화하여 길거리 팝업 스토어에서 체험 방식으로 진행한 것이다.

최근 팝업 스토어를 마케팅에 활용하는 업체가 많다는 점과 상설 매장과 달리 유동성 있는 판매 지원이 용이하다는 점을 감안, 특정 장소에서 한시적으로 캠페인을 진행했다. 핵심 포인트는 소비자에게 '건강'이 우선이라는 가치관을 심어 주는 것. 평상시 운동하는 사람들의 통행이 잦은 길목에 스포츠 웨어 팝업 스토어를 열

어 매장에 들어선 사람들이 자연스럽게 마음에 드는 옷을 집어 들게 한다. 그런데 태그에는 칼로리 수치만 표시되어 있어 사람들을 어리둥절하게 만든다. 직원에게 물어보니 옷을 가지려면 태그에 입력된 칼로리 수치만큼 런닝머신에서 달려야 한다는 설명이 돌아온다.

어색하던 분위기도 잠시뿐, 매장 안은 운동하는 사람과 응원하는 사람들로 인해 떠들썩한 활력이 넘치기 시작한다. "이렇게 기분 좋게 운동해 보긴 처음이야." 물건을 사기 위해 돈을 지불했던 규칙을 살짝 뒤집자, '건강'이라는 키워드를 또다른 시각에서 돌이켜 볼 수 있는 기회가 제공되었다. 옷을 들고 나가는 사람들의 표정에서도 운동하고 관리하겠다는 의지가 엿보이는 듯하다.

저칼로리 우유가 우리 삶을 건강하게 해 준다는 개념으로 연결된 이 행사는 자연스러운 홍보 효과를 낳았다. 'Colun'은 모두가 하나 되는 캠페인으로 소비자에게 한발 더 다가갔으며 돈보다 중요한 것은 역시 '건강'이라는 기업 정신을 각인시켜 주었다. 잊지 말자, 혁신은 늘 우리 주변에 있다는 것을.

4. Exxon Mobil

'서프라이즈'한 세차 서비스의 주인공이 되다
'Carwash' stunt AD

세차하러 갔다가 VIP 대접을 받는다면 기분이 어떨까? 석유 회사인 엑슨모빌 (Exxon Mobil)은 깜짝 세차 서비스를 드라마틱하게 진행하여 화제를 낳았다.

평범해 보이는 영국 시내의 한 세차장, 곧 파격적인 세차 장면이 목격된다. 어디선가 한 무리의 피트크루가 모여들더니 작전이라도 수행하듯 움직인다. 온갖 세차 장비로 '무장'하고 대기 중인 이들의 헬멧과 유니폼에는 Mobil1 로고가 선명하다. 영화 촬영이라도 하는 건가? 이때 세차를 하기 위해 진입하는 승용차. 정차하기가 무섭게 12명에 달하는 피트크루 요원들이 차량을 에워싸고 '폭발적인' 세차 서비스를 선사한다.

실내 청소를 하는 동안 미모의 그리드 걸이 음료도 권해 주니 기분 최고! 이번엔

세차 중인 차량 뒤로 F1 레이싱 카 한 대가 들어온다. "앗!" 차에서 내린 사람은
2009년 대회 우승자인 젠슨 버튼.
갑자기 특별 대우를 받는다 했더니 유명한 탑 레이서를 만나 기념 촬영까지!
돌발 이벤트 덕분에 하루 종일 웃고 다닐 것 같은 이 광고는 자사 제품의 월등한
기술력을 친근하게 전달하고자 엑슨모빌에서 기획했다. 다른 오일과 뭐가 달라
도 다를 것이라는 차별화된 아이덴티티를 구축하기에 충분한 서프라이즈 캠페
인이다.

작은 재미 요소가 생각과 문화를 바꾸다
Dancing Traffic Light

빠른 속도로 달리는 자동차는 보행자의 안전을 위협하는 주범이다. 교통사고 사망 원인을 분석한 결과 과속 및 음주 운전 등 운전자의 잘못이 많았지만 보행자에게도 문제가 있었다. 무단 횡단으로 인한 사망률이 큰 폭을 차지한 것. 막을 수 있는 사고가 매년 끊이지 않고 반복되자 방송에서는 교통사고 방지 캠페인을 연일 실시한다지만 큰 효과를 기대하긴 어려워 보인다.

이런 가운데, 집중 효과를 이용해 무단 횡단으로 인한 사망률을 크게 줄이는 데 성공한 나라가 있어 화제다. 유럽 국가인 포르투갈의 이야기다.

리스본의 혼잡한 도심 한복판, 흥겨운 댄스 음악이 들려오고 신호를 기다리던 행인들이 길 건너편을 가리키며 뭔가에 관심을 보이기 시작한다.

빨간불이 켜진 신호등 속 픽토그램이 음악에 맞춰 춤을 추고 있고 행인들이 재미있다는 반응을 보인 것.

그저 잠시 어깨춤을 추게 만드는 상황인가 싶었는데, 몇몇은 신호등 옆 부스에 줄까지 섰다. 부스 안에서 춤을 추면 실시간으로 자신의 동작이 그대로 신호등에 나타나기 때문이다. 이쯤 되면 재미있는 신호등을 넘어 도심 한복판에 설치된 '참여형 댄싱 신호등 시스템'이라 해야겠다.

춤추는 신호등을 본 사람들은 신호가 바뀔 때까지 기다리며 자연스럽게 무단 횡단을 자제하게 되었고 결과적으로 이 신호등 설치 이후 실제로 81%에 달하는 무단 횡단 감소율을 보였다고 한다. 이 영상은 포르투갈 리스본에서 벤츠의 브랜드인 'Smart' 사가 제작한 것으로, 작은 재미 요소를 통해 무단 횡단을 줄인 성공적 캠페인이다.

6. 코카콜라

미션! 소비자에게 즐거운 놀이를 제공하라
Friendly Twist

오늘은 대학교 신입생 오리엔테이션이 있는 날.

신입생으로 보이는 이들이 하나둘 모여들었지만, 간격을 두고 앉아 각자 스마트 폰을 만지작거릴 뿐, 좀처럼 어색한 분위기를 벗어날 수 없다. 한 여학생이 무료했던지, 일어나 자판기로 향한다. 평상시 즐기는 코카콜라를 뽑긴 했는데…

병뚜껑을 돌려도 쉽게 열리지 않자 열심히 반복하다 결국 고민에 빠졌다.

뚜껑을 열 수 없는 이유가 있었다. 코카콜라가 특수 제작한 이 제품의 병뚜껑은 혼자서는 열 수 없지만, 두 개의 콜라병을 맞대고 돌리면 쉽게 열리도록 고안되었기 때문이다. 서로 협력해야 콜라를 마실 수 있다는 것을 깨달은 학생들은 아직 이름도 모르는 사이지만 서로 힘을 합쳐 병뚜껑을 열면서 친구가 됐다.

코카콜라가, 처음으로 만난 친구들 간에 작은 소통을 나눌 수 있게 도와준 셈이다. 콜라 병뚜껑을 사이에 두고 아까의 어색했던 분위기가 조금 녹는 듯하더니 이젠 웃음꽃이 피고 자연스러운 대화도 이어진다.

동전을 넣으면 콜라가 나오는 자판기는 많다. 그러나 뭔가 새로운 이벤트를 전개함에 있어 그 주체가 소비자라고 느끼게 해 주는 것이 중요할 것이다. 기대한 것보다 참여도가 크고 즐거움이 따른다면 누구나 브랜드를 기억하고 다시 찾게 될 것이다. 유튜브에서 9백만 건 이상의 조회 수를 기록한 이 영상은 소비자가 직접 참여하고 만든 메시지 내용이 마케팅에서 얼마나 큰 효과를 발휘하는지 극명하게 보여 준다.

" OPEN a Coke! OPEN a new friendship! OPEN happiness Coca Cola! "

7. BMW

현실을 통해 다가올 미래를 보여 주다
A window into the near future

BMW는 대형 디스플레이에 가까운 미래의 도로 풍경을 보여 주며 새로운 콘셉트 카를 홍보하였다. 장면들은 실제 행인의 눈높이에서 촬영한 도로를 배경으로 하고 있어, 현실감을 높였다. 실시간 이미지를 그대로 출력한 것은 아니지만, 증강현실(AR: Augmented Reality) 기술을 이용, 실제 도로와 같은 상황을 적절히 연출함으로써 BMW의 콘셉트카에만 몰입하도록 의도한 것이다.

증강현실은 카메라로 입력받은 실시간 이미지를 기본 소스로 사용하기 때문에 가상현실에 비해 퀄리티는 떨어지지만, 높은 몰입도를 이끌어 낸다. 가상현실의 경우 처음에는 깊이 매료되지만 일정 시간이 지나면 가상과 현실의 차이를 확연히 느끼게 되어 결국 몰입에 장애가 된다.

반면, 자신의 이미지나 자신이 보고 있는 실제 이미지에 예상치 못한 이미지 요소가 개입하는 증강현실은 놀라움이나 호기심으로 시작된 집중이 몰입감을 더하게 된다.

한 주간 약 25만 대의 차량이 BMWi로 변하여 시민들의 눈길을 사로잡았다.

또한 해당 차량이 전부 전기자동차일 경우 약 5억 달러의 가스가 절약되고, 매년 130만여 톤의 CO_2 배출량이 감소한다는 사실을 알렸다. 첨단 기술을 이용한 프로모션을 통해, 2013년 후반기에 BMW의 전기자동차가 출시된다는 사실을 가장 효과적으로 알린 사례였다.

이름이 뭐예요? 삼성 스마트 카메라
Do you know what this camera is

『탈무드』에는 "이름보다 더 소중한 것은 없다"라는 내용이 있다.

브랜드 네임 중에는 한 번 들어도 기억에 남는 것이 있고 몇 번을 들어도 기억에 남지 않는 것이 있기 마련인데, 경쟁시장에서의 차별화를 위한 네이밍(Naming)은 그런 이유로 더욱 중요하다. 브랜드 네임은 사람들에게 쉽고 정확하게 인지되어야 할 것이다.

런던 킹스 크로스 역에서 진행된 "Do you know what this camera is" 캠페인은 많은 사람들이 삼성 스마트 카메라의 이름을 정확하게 대답할 수 있는지를 확인한다. 대부분의 사람들은 삼성 스마트 카메라를 'Digital 카메라' 혹은 'DSLR'이라고 생각하고 있다. 그만큼 생소한 제품명을 알리는 것이 급선무인 상황. 진행자와 스텝들은 어떻게든 사람들이 "Samsung Smart Camera"를 말하도록 집요하게 유도하는데 이 과정에서 제품명이 반복 노출되는 효과를 노렸다. 또한 전송 사진이 사이니지에 바로 전송되는 장면을 통해 추가 기능도 꼼꼼히 챙긴다.

이 캠페인은 스마트 카메라에 익숙하지 않은 사람들에게 제품을 효과적으로 알릴 수 있는 방법으로 전개되었다. 현장에 있던 사람들은 물론 유튜브를 통해 전세계 사람들에게 삼성 스마트 카메라의 이름과 새로운 기능을 알리는 성과를 올렸다. 주목성 유발과 함께 프로모션 목적을 정확히 달성한 성공 사례로 꼽힌다.

9. ONLY

지금 바로 구입할 수 있는 광고
The liberation case film

Viral Film 혹은 Internet Film은 TV에 비해서 매체비가 저렴하거나 무료라는 점에서 매력적이다. 단 콘텐츠의 내용이 중요하다.

이 광고는 인터넷이라는 미디어의 기본 특성보다 새로운 장점을 고려해 만들었다. 지금은 소비자에게 브랜드를 주입하는 단계를 넘어 어떤 체험을 제공할 것인지를 고민하는 쪽으로 변화하고 있기 때문이다. 우리는 언제 옷을 구매하고 싶을까? TV를 보다가? 아니면 가수가 나오는 토크쇼나 뮤직비디오 속의 의상을 보았을 때? 옷 자체의 상품성도 있지만 특정 상황에서 더 큰 가치를 발휘하게 된다. Only라는 의류 브랜드는 옷을 구매할 때 분위기가 중요하다는 점에 착안, 특정 분위기와 옷 구매를 절묘하게 연결한 프로모션을 전개했다.

예컨대 영화 속 의상이 마음에 들 경우 바로 클릭해서 구입할 수 있도록 한 것이다. 웹사이트는 다른 온라인 쇼핑몰과 비슷한 모습이다. 하지만 하단의 빨간 테두리를 클릭하면 The liberation이라는 뮤직비디오가 재생된다. 뮤직비디오 속의 가지고 싶은 옷을 클릭하면 상품명과 가격, 사이즈 등의 정보를 알 수 있다. 그리고 옷에 대한 견해를 SNS에 남길 수도 있다.

"우리는 이렇게 좋은 옷을 판매합니다"라는 메시지보다 뮤직비디오를 통한 옷의 구매가 소비자들의 머릿 속에 더 강렬하게 자리 잡을 수 있다. 배우들이 입고 있는 옷을 클릭하면 즉석에서 피드백을 전하거나 구매도 가능하다. 영화 스토리에 참여도 가능해서 '청바지를 훔쳐라'라는 미션에 성공하면, 제품을 무료 배송 받는다. 나만의 맞춤형 카탈로그를 만들고 월페이퍼를 다운로드하여 꾸밀 수도 있는 그야말로 만능 인터랙션 온라인 캠페인인 것이다. 타깃층을 고려한 마케팅 커뮤니케이션과 온라인 인터랙티브 영상을 잘 활용한 우수 캠페인 사례.

소비자 참여 마케팅의 결정판
The Deepest Site

대부분의 미네랄워터는 지하 100m 정도 깊이에서 끌어 올린 물을 사용한다고 한다. 만약 지하 8,000m 깊이에서 끌어 올린 물을 판매하는 회사가 있다면, 당연히 그러한 차별점을 강하게 어필하고 싶을 것이다. Borjomi는 타 생수 회사와의 차별점을 재미있는 방식으로 소비자가 체험하도록 유도하고, 그 결과를 페이스북에 공유함으로써 바이럴 효과를 얻는 데 성공했다.

참가자들은 마우스를 스크롤해 물이 있는 8,000m 깊이의 지하로 내려가야 한다. 지표면에서 8,000m 아래에 도달하기 위해서는 8시간 정도 소요되며, 내려가는 중간에 페이스북에 자신이 도달한 지점을 남길 수 있도록 했다.

Borjomi가 판매하는 물이 있는 지하 8,000m에 도달하면 바위에 자신의 이름을

USER-GENERATED CONTENT

새길 수 있고, 그 결과를 페이스북과 연계하여 다른 사람들과 공유할 수 있도록 한 것이다. 참가자들은 마치 게임을 하듯 사이트의 밑바닥에 빨리 도달하는 것을 목표로 경쟁했다. 몇몇 참가자들은 드릴이나 모형 자동차 등 돌아가는 기계를 마우스 휠에 닿게 하여 손으로 직접 스크롤하지 않고 지하 8,000m에 내려가는 꼼수(?)를 동원하기도 한다. 참가자들은 자신이 개발한 스크롤 방법을 영상으로 찍었고, Borjomi에서는 그 영상을 편집해 웹사이트에 공개하여 방문한 이들의 즐거움을 더해 주었다.

이 웹사이트는 대중매체를 통해 급속히 퍼져 나갔으며, 수많은 사람들에게 지하 8,000m 깊이까지 내려가 보는 간접 체험을 제공했다.

단순히 깊은 곳에서 끌어 올리는 깨끗한 물이라는 광고 메시지가 아닌, 소비자들이 직접 브랜드의 본질적 내면을 경험하도록 한 점이 독특하다. 또 참가자들이 경쟁적으로 참여하여 페이스북에 자신의 결과를 공유하면서, 바이럴 효과 또한 만점이었다. 참가자는 물론, 영상을 보며 즐거워한 네티즌들 모두에게 즐거운 경험 그 자체였다.

버튼을 누르면 드라마가 현실이 된다
A Dramatic Surprise on an Ice-cold Day

네덜란드 도르드레흐트(Dordrecht)의 한 광장에 빨간 버튼이 놓여 있다.

빨간 버튼을 누르고 "Blue" 또는 "Yellow"를 선택하면 현장에서 해당 컬러 옷을 입은 사람이 저격당한다. 그 후 하늘에서 돈다발이 떨어지고 버튼을 누른 사람은 검은 밴에 납치되어 공사장으로 끌려간다. 점입가경! 공사장에선 총격전까지 벌어진다.

사람들은 드라마와 현실을 잘 구분한다. 드라마 같은 픽션에서는 스케일과 상상력에 환호하고 몰입하지만, 현실에서는 사실 무표정하고 평범하게 살아간다.

현실에서 드라마와 같은 일을 겪기는 어렵기 때문에 현실과 동떨어진 드라마를 내심 원하는 것은 아닐까.

드라마 같은 현실을 경험하게 하고 버튼을 누른 사람을 드라마 속으로 초대하는 마치 영화 같은 스케일을 도입한 TNT(Turner Network Television)의 프로모션 내용이다. 영상 마지막의 "We Know Drama"라는 카피는 TNT라는 케이블 채널의 특징을 깊이 각인시키기에 충분했으며 블록버스터 영화나 드라마를 편성하는 채널 특성도 잘 고려했다.

TNT에서 두 번째로 진행한 "Dramatic Surprise" 프로모션은 유튜브 조회 수만 1천 5백만 건을 넘어섰다.

광고 자체에 거부감을 느끼는 사람이 많은 현실에서 이 기획은 오랫동안 많은 사람들에게 브랜드의 특징을 효과적으로 어필할 수 있는 강력한 수단이 될 것이다.

분리수거가 즐거워졌어요
Bottle Bank Arcade Machine

스웨덴에는 캔이나 페트병에 대한 예치금 제도가 도입되어 있다. 때문에 많은 사람들이 페트병, 캔을 리사이클(Recycle)하지만 유리병을 분리수거하는 사람은 그리 많지 않다고 한다. 아마도 유리병에는 환급금이 없기 때문일 것이다. 그렇다면 유리병 수거율을 높이기 위해 '재미 요소(Fun Theory)'를 포함시키면 효과가 있을까?

재미 요소는 호모루덴스, 즉 인간은 즐기는 존재라는 개념에 근거한다. 인간은 즐거움을 좋아하기 때문에 즐거운 일로 사람의 행동을 유도할 수 있다는 뜻이다.

'Bottle Bank Arcade Machine'은 스웨덴 스톡홀롬의 Sodra Station 인근에서 유리병 수거함을 게임기로 개조하여 재미있는 캠페인을 진행했다. 방법은 간단하다. 먼저 시작 버튼을 누르고 머신의 6개 구멍 중에 불이 들어오는 구멍에 유리병을 넣으면서 게임을 즐기면 된다. 추억의 '두더지 게임'을 하듯이 말이다. 이용자들은 유리병을 넣으면서 게임도 하고 포인트도 얻게 된다. 이 단순한 캠페인은 하룻밤 만에 100명에 가까운 사람들을 유리병 리사이클에 동참하도록 만들었고, 이용자들도 재미있는 경험에 즐거움을 표했다. 인근에 설치된 일반 유리병 수거함도 이용률이 두 배 이상 증가했다 하니 역시 사람에게는 재미를 추구하는 본성이 있나 보다. 이 캠페인은 폐품 리사이클에 대해 수동적인 사람들의 행동을 능동적으로 바꿨다. 재미에서 비롯된 아이디어는 흥미 유발을 통해 사람들의 행동 변화를 자연스럽게 유도하는 마법 같은 힘이 있는 것은 아닐까.

Volkswagen | DDB Stockholm
Sweden | 2009

내가 주인공이 되는 프로모션, 하이네켄 길거리 마케팅
Heineken Open Your world

開車不喝酒　安全有保障

소비자 참여와 소통에 관심이 커지면서 인터랙티브 광고가 주목을 받고 있다. 인터랙티브 광고란 일방적으로 소비자에게 메시지를 전달하는 기존 방식에서 벗어나 소비자가 직접 광고에 개입함으로써 쌍방향 소통이 이루어지는 광고를 말한다.

기존 광고에 식상한 소비자들의 새로운 것에 대한 욕구, 그리고 소통과 참여를 중요시하는 사회적 트렌드가 만나 이러한 신규 광고가 등장했다.

2011년 7월 하이네켄은 광장에 디지털 옥외광고판을 이용한 재미있는 프로모션을 진행했다. 디스플레이에 하이네켄의 영상이 나오고 거리 한복판에는 하이네켄의 별표 로고가 있다. 총 3가지 버전으로 구성된 영상에는 총잡이, 무림 고수, 댄스 가수가 등장한다. 사람들이 하이네켄의 별표 로고 앞에 서자 영상에 무

림 고수가 등장하여 한바탕 대결이 벌어지고 총잡이는 지나가던 사람들과 총싸움을 한다. 다른 버전은 댄스 가수가 등장하여 춤을 추고 영상을 보고 있는 사람들도 같이 댄스를 즐긴다. 이를 지켜보던 많은 사람들 역시 스마트폰으로 촬영하며 함께 즐긴다.

이 프로모션은 단순히 브랜드와 제품을 알리는 것이 아니라 모션 인식을 통해 디스플레이에 등장한 캐릭터와 고객이 게임하고 춤도 추며 적극적으로 교감할 수 있게 고안되었다. 일방향 메시지를 전달하는 상투적 마케팅은 자발적인 고객 참여가 어렵고 단발성으로 끝날 가능성이 크다. 하지만 소비자가 직접 마케팅 활동에 참여하여 브랜드 가치를 공유할 수 있다는 점에서 앞으로도 인터랙티브 마케팅은 더욱 발전하고 확산될 것이다.

14. Toyota Motors Corp.

아빠에게는 안전 운전을, 아이에게는 재미를
TOY TOYOTA - Backseat Driver

가족들과 함께 여행을 떠날 때면 "아빠! 언제쯤 도착해요?"라는 말을 자주 듣게
된다. 아이들은 자동차를 오래 타면 무척 지루해하고 운전하는 아빠도 스트레스
를 받는다. 여행을 떠날 때의 설레는 마음처럼, 긴 여정을 즐겁게 해 줄 게임이라
도 있다면 얼마나 좋을까?

토요타는 자동차 뒷좌석에서 심심해하는 아이들을 위해 모바일 엔터테인먼트를
개발했다. Apple의 iPhone 어플리케이션으로 개발된 'Backseat Driver'는 GPS
기능을 활용하여 주행 중에 실제 도로가 아이의 스마트폰 가상 그래픽으로 표현
된다. 이 가상 그래픽은 실제 도로뿐만 아니라 지명과 랜드마크까지 나타내 주며,
주행한 거리와 경로도 함께 표시된다.

아기자기한 그래픽으로 표현되어 있지만 지형과 지물은 매우 사실적이라서 아이
들은 어플리케이션을 실행하는 동안 마치 아빠와 함께 운전을 하는 듯한 느낌으
로 게임을 즐긴다.

흡사 증강현실과도 같은 느낌을 줄 수 있는 이 게임은 아빠가 움직이는 방향대로
진행되기 때문에 아이 입장에서는 자신이 직접 자동차를 운전하는 듯한 재미에
빠져들게 된다. 게임 방법은 아빠가 운전하는 실제 코스에 맞게 스마트폰을 좌우

로 기울이면서 주행을 해야 하며, 주행 중에 포인트를 획득하면 게임상에서 다양
한 자동차를 구입할 수도 있다.

그뿐 아니라, SNS 연동을 통해 다른 유저들과의 순위 대결도 가능하다. 토요타가
선사한 유용한 체험 어플리케이션 덕에 아빠는 안전 운전의 중요성을, 아이는 아
빠와의 즐거운 체험을 오래 기억할 것이다.

'Backseat Driver'는 2012년 칸 국제광고제에서 Mobile Lions 부문 금상을 수
상하였다.

사람과 사람을 연결하는 고속철도
Take a Look at Brussels with TGV

SNCF Group은 프랑스와 유럽 각 지역을 잇는 고속철도 서비스를 제공하는 회사로, TGV(고속철도)는 유럽 여행자들에게 매우 중요한 교통수단이다. SNCF가 프랑스 남동부에 위치한 리옹과 벨기에의 수도 브뤼셀을 잇는 TGV의 직통 노선을 개통한 후로, SNCF의 고속철도는 두 도시를 연결하는 데 단 3시간 20분이면 충분해졌다.

'Take a Look at Brussels with TGV' 이벤트는 2012년 9월 21일, 프랑스 리옹에서 펼쳐졌다. '브뤼셀을 보세요'라는 박스에 머리를 넣고 살펴보면, 브뤼셀의 풍경이 펼쳐지며 현지 사람들이 퍼포먼스와 함께 환영해 준다. 머리를 상자 속에 집어넣는 것은 우스꽝스러운 행동이지만 마치 박스 안에 나를 반겨 주는 소인국 사람들이 존재하는 느낌을 연출해 친근감을 더해 준다.

이 이벤트는 리옹 사람들과 벨기에 사람들을 실시간 영상 통화로 연결함으로써 리옹-브뤼셀 간 직통 노선에 의미를 투영해 콘셉트를 전달하고 있다.

사람은 늘 누군가를 만나고 헤어진다. 새로운 만남은 두렵기도 하지만 설레고 즐겁다. 자신이 누군가에게 환영받는 존재라는 것을 경험한다면 그 경험은 정말 값질 것이며 또 그 사람의 인생에 좋은 추억으로 남을 것이다.

누군가가 나를 위해 음악으로 환영 의사를 표현하고 손을 흔들며 반겨 준다면 그 기쁨은 얼마나 클까. 관광지에 대한 정보를 담고 있는 전형적인 교통 서비스 광고도 좋지만 이와 같이 함께 즐거워할 수 있는 체험형 광고로 고객에게 다가간다면 친근한 기억으로 오랫동안 여운을 남기지 않을까. 지역과 지역을 연결하는 고속철도가 사람의 마음까지 연결해 주는 역할을 톡톡히 해내고 있다.

SNCF Group | TBWA
France | 2012

16. P&G Pampers

산모와 태아를 위한 특별한 경험
Pampers - Bellies in Concert

자신의 아이에게는 자신이 가진 모든 것을 주어도 아깝지 않은 것이 부모 마음이다. 아이가 엄마 배 속에 있을 때도 마찬가지다. 산모들은 태교에 굉장히 신경을 많이 쓰며 평소 자신의 좋지 못한 성격과 습관, 먹는 것, 경험하는 것까지 컨트롤한다. 아이에게 좋은 것을 보여 주고, 들려 주고, 먹여 주고, 느끼게 해 주기 위해 애쓴다. 아이에 대한 관심과 사랑은 히스패닉(Hispanic) 엄마들도 한국의 엄마들에게 지지 않는 듯하다.

미 인구조사국(US Census Bureau)에 따르면 2013년 히스패닉 인구는 5400만 명으로 미국 전 인구의 17%를 차지하며, 매년 그들의 수많은 아기들이 세상 밖으로 나온다. 미국의 히스패닉 산모들은 태어날 아기의 문화적 정체성을 염려한다.

그래서 세계 기저귀 판매율 1위 브랜드인 P&G 계열의 Pampers는 새로운 히스패닉의 세대에게 특별한 히스패닉 문화를 이어갈 수 있도록 돕는 차원에서 세상에 나올 태아에게 히스패닉의 강력한 문화인 '음악'을 선물해 주기로 했다.

2012년 10월 25일, 미국 마이애미의 New World Center, 'Bellies in Concert'에는 52명의 뮤지션이 태아를 위한 라틴 음악 10곡을 편곡하여 무대를 채웠으며, 1500명의 히스패닉 임산부와 태아에게 'Belly Phone(배에 착용하는 음향 장치)'을 특별 제작해 제공함으로써 콘서트를 관람할 수 있도록 배려했다.

Bellies in Concert를 통해 전 세계 3억 5천 명이 감동받았고, 4만 명 이상의 산모가 공연을 보기 위해 Pampers의 페이스북 페이지를 방문하였으며 페이스북의 팬층도 100% 증가했다. Bellies in Concert는 2013년 Wave Festival - Direct 부문에서 동상을 수상했다.

Green light(Heineken Ignite)를 켜세요
Heineken Ignite

사람들에게 하이네켄 하면 떠오르는 색깔을 말해 보라고 하면 대부분 '초록색'을
말한다. 우리나라를 비롯하여 세계의 맥주병 색깔은 맥주의 산화를 막기 위해 대
부분 갈색을 사용해 왔고 지금도 그렇다. 하지만 이제 냉장 보관과 유통 시스템의
발달로 갈색을 고집할 필요가 없게 되었다. 그래서 하이네켄은 맥주병에 초록색
을 도입했고, 초록색은 하이네켄만의 독특한 컬러가 되었다.

2013년 4월 하이네켄은 이탈리아 밀란 디자인위크(Milan Design Fair, Salone
Internazionale del Mobile 2013)에서 VIP를 대상으로 파티를 열었다. 이곳에서
하이네켄 맥주를 마시는 고객들에게 인터랙티브한 설계가 반영된 맥주병(200개)
을 선보이며 주목을 받았다.

하이네켄의 인터랙티브 병(Heineken Ignite)은 모션 센서 및 무선 네트워킹 기술을 도입해 음악에 반응하도록 설정됐다.

또 사람들이 맥주잔을 기울이거나 부딪치면 센서가 반응해 맥주병에 내장된 LED에 불이 켜지게 된다. 그리고 음악에 따라 LED light 쇼를 연출할 수 있게 설계되었다. 하이네켄 Ignite 프로젝트는 소비자에게 특별한 경험을 선사함으로써 하이네켄 브랜드를 각인시키기 위해 계획되었다.

맥주를 마시는 사람들의 사회적 상호작용을 토대로 만든 이 혁신적인 접근 방식은 소비자들에게 하이네켄을 기억시키기에 충분했다. 혁신을 이루기 위해서는 아이디어도 필요하지만 빠르게 발전하는 기술력에 대처하는 자세가 가장 중요하다는 것을 증명한 사례다. 진보적인 디자인과 혁신에 대한 열정을 가진 하이네켄의 다음 프로모션이 기대된다.

18. 코카콜라

행복해지는 자동판매기
Coca-Cola Happiness Machine

코카콜라는 Open Happiness 캠페인을 통해 디지털 마케팅 시장에서 주목할 만한 성공을 일궈 내고 있다. 코카콜라는 St. John's University 학생들의 평범한 일상에 작은 행복을 전하기 위해 캠퍼스에 특별한 코카콜라 자동판매기를 설치했다.

이름하여 'Happiness Machine!'

이 자판기는 콜라만이 아니라 피자, 꽃, 그리고 샌드위치까지 제공한다. 물론 꽁짜로 말이다. 콜라는 사실 소비재로는 그리 비싼 재화도 아니고, 음료수 중에서 그다지 고급 음료에 속하지도 않는다. 오히려 가끔 건강에 좋지 않은(?) 물질이 들어 있다는 이유로 도마에 오르기도 한다.

하지만 코카콜라라는 제품을 보면 전혀 그런 생각이 들지 않는다. 오히려 너무나
도 즐겁고 신나는 느낌이다.

그건 바로 코카콜라가 펼치는 이노베이티브 광고 덕분일 것이다. 코카콜라는 모
두의 일상 속에 파고든 음료인 만큼, 사람들에게 제공하는 '선물'들은 받으면 행
복해지는 보너스인 셈이다. 콜라를 샀는데 피자를 준다는 것은 아주 놀라운 발상
이다. 받는 사람의 기분을 생각한 꽃, 모두가 나누어 먹을 수 있는 엄청난 크기의
샌드위치는 콜라를 마시는 사람들에게 행복감을 주는 것들이다. 학생들이 놀라면
서도 기뻐하는 장면들은 페이스북, 유튜브 등을 통해 확산되었고 이 영상은 200
만 이상의 조회 수를 기록하며 많은 사람들의 찬사를 받았다.

이런 휴지통 강추합니다
Trash bin, The World's Deepest Bin

쓰레기통을 찾을 때까지 버릴 것을 손에 들고 다닌다면 귀찮을 것이다.
바닥에 버려진 쓰레기를 줍는 일 역시 마찬가지다. 사람들은 길에서 쓰레기를 주워 쓰레기통에 넣는 것이 좋은 일이라는 건 알지만, 선뜻 실천하지는 못한다. 쓰레기를 쓰레기통에 정확히 버리게 하는 더 재미있는 방법은 없을까라는 고민에서 비롯된 프로모션이 화제다. 해결책은 간단하다. 사람들이 쓰레기를 버릴 때, 재미있다고 느끼게 해 주면 되는 것이다.

2009년 독일의 자동차 회사인 폭스바겐은 공원 길목에 파란 쓰레기통 하나를 두었다. 이 쓰레기통은 내부에 간단한 장치를 설치해 사람들이 쓰레기를 버리면 아주 깊은 곳으로 쓰레기가 낙하하는 소리를 낸다. 공원을 산책하던 사람들이 별 생각 없이 쓰레기통에 쓰레기를 넣는 순간, 물체가 아주 깊숙한 곳으로 떨어지는 소리가 들리더니 곧 바닥에 텅 하고 부딪히는 효과음까지 메아리처럼 울렸다. 사람들은 평소와는 다르게 재미있고 신기한 경험을 했다는 듯 호기심을 나타낸다. 주변에 있는 쓰레기를 찾아 쓰레기통에 버리며 유쾌한 체험에 즐거워하는 모습들이다.

이 프로모션은 단지 공익적 메시지를 던지는 것이 아니라, 재미있는 동기부여를 이용해 환경 개선을 유도했다는 점이 이채롭다. 에코 마케팅에 재미 이론(Fun Theory)을 가미하여 사람들의 자발적인 참여를 이끌어 낸 것이다.

그 결과 폭스바겐의 쓰레기통은 평소보다 더 많은 72kg의 쓰레기를 수거할 수 있었다. 사회적 관점에서 옳은 행동을 확산시키는 데 재미 이론이 효과적임을 확인시켜 준 신선한 프로모션이다.

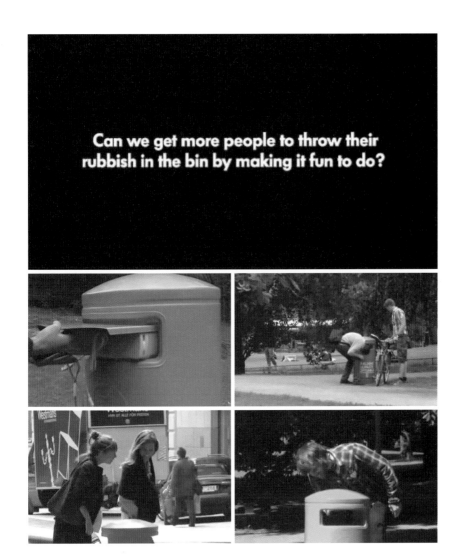

20. 코카콜라

초록빛이 주는 행복과 휴식
Coca-Cola Roll Out Happiness

콘크리트의 잿빛이 익숙한 도시민들은 가끔 마음도 잿빛으로 물든 것이 아닐까 싶을 만큼 황량함에 빠져든다. 늘 일에 쫓기거나 시간이 없어 빠르게 걸어가면서도 마음속으로는 편히 누워 쉴 수 있는 잔디밭이 그립다.

코카콜라는 도시에 갇혀 사는 사람들의 이러한 갈증을 해결하기 위해 리투아니아의 수도 빌뉴스(Vilnius)의 광장에서 Roll Out Happiness 캠페인을 전개했다. 광장에 잔디 깎는 기계를 사용하여 코카콜라 병 모양의 작은 잔디공원을 만들었다. 사람들은 신발을 벗고 잔디밭에 들어가 모처럼 자연이 주는 기쁨과 쉼을 느낄 수 있었다. 잔디밭에 모여 앉아 피크닉 샌드위치와 함께 코카콜라를 마시고, 함께 웃고 즐거워하며 근심은 잠시 잊고 행복해질 수 있었다. 토끼와 강아지가 잔디밭

에서 뛰어다니는가 하면 동화책에나 나올 것 같은 나무 위에 기타나 티셔츠, 풍선 등을 매달아 놓아 사람들이 나무 위에 올라가 직접 수확도 한다.

그들은 여유롭게 기타를 치고, 공을 차고, 비눗방울을 불며 소소한 행복감에 젖는다. 코카콜라는 멀리 나가야만 누릴 수 있을 것 같은 자연 속 싱그러움을 작은 임시 공원에 한껏 풀어 놓았다.

이 초록빛 구역 밖으로는 바쁜 도시의 일상이 계속되고 있지만, 적어도 지금 이곳만큼은 잠시 시간이 멈춘 듯 평화롭고 여유로 가득하다.

코카콜라는 2008년부터 Open Happiness 캠페인을 시작해 '일상 속 작은 행복'이라는 소재로 다양한 체험 마케팅(Experience Marketing)을 펼치고 있다. 또한 언드 미디어를 통한 영상광고를 제작해 사람들에게 공유하는 행복을 전하고 있다.

21. 코카콜라

댄스 한판! 더 짜릿하다
Coca-Cola Dancing Vending Machine

코카콜라는 약 200여 개국에 진출한 전 세계적으로 가장 인기 있는 탄산음료 브랜드다. 톡 쏘는 맛과 청량감은 특히 젊은이들에게 인기 만점이다.

코카콜라는 이런 10~20대 고객층을 의식하여 상암 CGV에 거대한 '코-크 댄스 자판기'를 설치했다. 동작의 난이도에 따라 게임과 댄스를 즐기며 게임을 통과한 소비자에게는 콜라를 제공하는 프로모션을 진행한 것.

자판기 디스플레이에 2PM이 등장해 "여기야 여기"라는 말로 시선을 끈다. 거대한 자판기와 2PM의 모습을 보고 지나가던 사람들이 모여들자, 모션 인식을 이용한 디스플레이가 2PM의 가상 영상을 합성한다. 디스플레이에 2PM이 등장해자신들의 동작을 잘 따라 해 보라고 사람들에게 말한다. 2PM의 모션을 완벽하

게 따라 하면 'MISSION SUCCESS'라는 화면이 뜨고 코카콜라가 상품으로 제공되도록 했다.

코카콜라는 단순히 2PM의 모션을 따라 하면 코카콜라를 제공하는 현장 이벤트 이외에도 SNS를 통해 이벤트에 참여한 사진을 공유하면 코카콜라를 하나 더 증정하는 이벤트를 동시에 진행했다.

또한 영상에서는 시작 부분에 "이 영상에 나오는 자판기의 이름은?"이라는 퀴즈 이벤트를 통해 소비자들이 영상에 더 집중할 수 있게 했고 그들이 게임하는 모습을 자연스럽게 담았다. 그 결과 이 영상은 2012년 당시 유튜브에서 이틀 만에 조회 수 14만 건을 넘기며 화제를 낳기도 했다.

코카콜라 프로모션은 우선 거대한 자판기를 통해 소비자들의 시선을 끌었고, 2PM의 춤 동작을 따라 하게 하여 소비자를 프로모션에 쉽게 참여시키는 데 성공했다. 또한 색다른 경험을 제공함으로써 탄산음료에 대한 부정적 인식을 개선해 나가는 동시에 즐거운 상황에 코카콜라가 함께한다는 메시지를 잘 전달했다.

22. 코카콜라

안아 주면 행복해요
Coke Hug Me Machine

시원한 코카콜라를 재미있는 방법으로 선물해 주는 자판기 프로모션이 2012년 싱가포르 국립대학(National University of Singapore)에서 성공적으로 진행되었다.

깊은 밤 모두가 잠든 시간에 설치된 이 자판기는 아침이 되어 지나가는 학생들의 눈에 띄기 시작했다. 자판기에는 동전 투입구나 진열장이 보이지 않는다. 심지어는 브랜드 이름도 없다. 단지 붉은색 바탕에 흰색 물결무늬의 큼직한 'Hug Me'라는 글씨와 캔이 나오는 곳이 있을뿐 이다. 어렵지 않게 코카콜라를 떠올릴 수 있지만, 직접적으로 언급하지는 않아 학생들의 호기심을 자극했다. 지나가며 둘러보던 학생들이 멋쩍은 듯 양팔을 어색하게 펴고 자판기에 다가가 안아 주자, 기다

렸다는 듯이 코카콜라 캔이 나왔다.

자판기 양쪽 모서리에 센서가 설치되어 있어 사람이 자판기를 안아 주면 이를 인식하고 콜라가 나오는 것이다. 학생들은 자판기 주변에 서서 즐겁게 대화하거나, 자판기를 안아 주고 활짝 웃으며 코카콜라를 받아 갔다. 몇몇 장난스러운 학생들은 자판기의 양쪽으로 여러 명이 서로 감싸서 코카콜라를 받아 가기도 했다.

이런 모습을 친구들과 함께 핸드폰에 담고 즐기는 가운데, 코카콜라의 감성 메시지인 'Open Happiness'가 성공적으로 전달되었다. 차가워 보이던 기계가 마치 사람과 소통하듯 따뜻한 감성으로 학생들에게 행복을 선물해 준 셈이다.

단순한 콜라 무료 제공 이벤트와 달리, 예상치 못한 방식으로 학생들에게 웃음과 즐거움까지 함께 준 신선한 프로모션이었다.

23. 코카콜라

고정관념을 깨고 단순함으로 승부해라
Diet Coke - The Slender Vender

탄산음료 하면 처음 떠오르는 생각은, 마시면 상쾌하지만 몸에는 좋지 않을 것 같다는 것이다. 때문에 몸매에 신경 쓰는 젊은 여성일수록 마시려고 하지 않는다. 코카콜라는 사람들의 이러한 인식을 바꾸기 위해 2013년 프랑스에서 참신한 아이디어 자판기를 고안하여 설치했다. 코카콜라 제품인 다이어트 코크의 속성을 살린 슬림 자판기를 만든 것이다.

다른 자판기들의 틈새에 세울 수 있을 만큼 슬림한 이 자판기는, 칼로리가 낮아 '날씬한 몸을 유지하기에 좋은 콜라'라는 메시지를 효과적으로 전달했다. 사람이 많이 다니는 도로 한가운데에 자판기를 설치하거나 미용실 의자와 의자 사이, 자전거 전용도로, 볼링장 레인 사이, 런닝머신 사이 등 기존의 자판기가 위치할 수 없는

좁은 공간에 슬림 자판기가 투입되었다. 이를 본 소비자들은 예상치 못한 좁은 장소에 설치되어 있는 슬림 자판기를 보고 신기하다는 반응이다.

슬림한 자판기를 경험한 이후 소비자들은 사진으로 찍어 SNS에 퍼뜨렸고 예상대로 입소문 효과도 만족스러웠다.

우리 주위의 자판기는 대부분 비슷한 크기와 디자인을 가지고 있다. 또 최근에는 편의점이 많아지면서 자판기를 찾기 힘들어졌다.

하지만 코카콜라는 다이어트 코크를 위한 세계에서 가장 날씬한 음료 자판기를 제작했고 사람들이 생각하지 못했던 장소에 절묘하게 배치했다. 이 슬림 자판기는 지나가는 사람들의 시선을 사로잡았음은 물론 제품의 특성을 외형적으로 충분히 보여 줬다는 점에서 성공적이었다.

오레오가 우유에 도착하는 순간 최고의 맛이 펼쳐진다
Oreo Elevator

오레오(Oreo)는 세계적으로 인기 있는, 역사상 가장 많이 팔린 과자 중 하나다. 초콜릿 맛이 나는 동그란 두 개의 쿠키 사이로 달콤하고 하얀 크림이 들어 있어, 단맛이 생각날 때 한 입 베어 물면 행복해진다. 물론 딸기 크림, 초콜릿 크림, 골든 오레오 등 다양한 맛의 오레오가 출시되었지만, 검은색 쿠키에 하얀 크림 오레오가 대표적이다.

오레오는 빙수나 브라우니, 케이크 같은 다양한 음식에 들어가 수많은 레시피를 만들어 낼 만큼 활용 범위가 넓지만, 가장 쉽고 맛있게 먹을 수 있는 방법은 '우유에 찍어 먹는 것'이다.

이러한 오레오의 특징을 살려 아주 단순하면서도 사람들의 시선을 사로잡는 광고가 2008년 뉴욕의 한 상점 엘리베이터에 설치되었다.

오레오 '엘리베이터 옥외광고'의 아트디렉터인 이제석 씨는 '진리는 단순하다'는 생각을 가지고 있었고, 그러한 그의 생각은 이번 광고에 고스란히 반영되었다. 오레오 사진이 붙은 엘리베이터가 내려오자, 엘리베이터 1층 유리 벽면에 붙은 커다란 우유잔 사진에 오레오가 반쯤 가려져 마치 오레오를 우유에 적셔 먹는 것 같은 모습이 연출되었다.

이 광고는 에스컬레이터가 내려오는 바로 앞 엘리베이터에 설치하여 꽤 많은 사람들이 목격하도록 했다. 그들은 오레오가 우유잔에 담기는 모습에서 눈을 떼지 못하고 계속 광고를 보며 걷거나, 오레오를 쳐다보며 배를 문지르는 등 대체적으로 기발하고 재미있다는 반응이었다.

오레오 엘리베이터 광고는 정말 직관적이고 그래서 더 강하다.

어떤 카피도 없이 엘리베이터의 움직임과 단순한 이미지 2장만으로 확실한 크리에이티브를 보여 준 이 광고에 "엄지 척!"

Kraft Foods, Inc. | Draft FCB New York
US | 2008

25. +KOTA

애완견 스토어의 홍보는 애완견이 한다
+KOTA - Delivery Dogs

강아지와 고양이 등의 애완동물은 주인을 행복하게 해 준다. 애완동물들이 귀여운 용모로 사랑스럽게 사람을 따르는 모습은 보는 이들을 저절로 미소 짓게 한다. 멕시코의 +KOTA는 이러한 애완동물의 매력을 포인트로 하여 사람들에게 적극적인 홍보 전략을 실행했다.

+KOTA는 200개 이상의 체인점을 보유한 멕시코에서 가장 큰 애완동물 마켓이다. 그들은 2012년에 시작한 배달 서비스를 소비자에게 단순하게 어필하면서 기억에 남도록 홍보하고 싶었다.

아이디어는 강아지에게 깜찍한 인형 옷을 입히는 것에서 시작된다.

사람의 옷 모양을 한 박스가 제작되었는데, 뒤쪽은 인형 강아지의 상반신이 달려 있다. 강아지가 이 박스를 착용하면 마치 강아지 두 마리가 박스를 들고 걸어 다니는 것처럼 보이도록 했다.

뒤뚱뒤뚱 걷는 강아지가 사람들이 있는 공원을 돌아다니는 동안, 지켜보는 수많은 사람들이 웃으며 강아지를 맞아 주었다. 길을 가던 사람들도 강아지가 너무나 귀여운 나머지 쓰다듬어 주거나 함께 사진을 찍는 등 큰 관심을 보였다. 강아지가 직접 배달해 주는 듯한 모습을 통해 자사의 서비스를 사람들에게 확실하게 알린 셈이다. 이 프로모션을 진행하고 배달 서비스를 시작한 후 3개월 동안 1500건 이상의 주문을 받을 정도로 홍보 효과는 매우 성공적이었다.

귀여운 강아지들이 마치 직접 배달하는 것처럼 만들어 사람들이 강아지를 쓰다듬고, 예뻐해 주는 과정에서 자연스럽게 홍보가 되도록 한 발상이 재미있다.

26. Nestle Contrex

날씬하고 건강한 몸을 유지하고 싶다면? Contrex와 함께 달려요
Contrex - Contrexperience

날씬하고 건강한 몸은 현대인에겐 삶의 목표 중 하나다.

살을 빼기 위해 여러 식이요법이나 운동, 심지어 약까지 먹으면서 도전하지만 살을 빼고 유지하기는 쉽지 않다.

Nestle는 이러한 사람들을 대상으로 미네랄워터 브랜드 Contrex를 론칭했다. Contrex Water는 칼슘과 마그네슘 등 신진대사를 촉진하는 성분이 들어 있어 '다이어트 생수'로 알려져 있는 제품이다. Contrex는 건강하게 운동하고, 자사의 생수를 마시면서 즐겁게 살을 뺄 수 있다는 메시지를 전하고 싶었다.

따라서 그들은 도서관 앞에 핑크색 사이클을 설치하고 Contrex Water를 준비하여 이벤트를 진행하였다.

호기심에 찬 사람들이 자전거 앞으로 모여들었다. 망설이던 사람들이 하나둘씩 자전거에 올라 페달을 밟자, 전류가 흘러 핑크색 빛이 건물 위로 올라가기 시작한다. 계속해서 페달을 돌리자 스피커가 켜지고 흥겨운 음악이 흐르면서 건물에 커다란 남자의 모습이 나타나기 시작했다.

남자는 페달을 더 오래, 많이 밟을수록 춤을 추면서 옷을 하나씩 벗기 시작했고, 지켜보던 관중들은 환호하며 페달을 더 빨리 밟았다. '다음은 어떤 모습일까?'

궁금증도 커지면서 더욱 열심히 페달을 밟았고, 결정적인 순간 남자는 '2000칼로리를 소모하셨습니다.'라는 메시지를 보여 주며 사라진다. 페달을 밟았던 사람들은 유쾌하게 웃으며 준비된 Contrex를 마신다.

Contrex는 자사의 미네랄워터가 즐겁게 다이어트하도록 돕겠다는 메시지를 재미있는 몰입과 체험을 통해 전달하였다. 이와 같이 브랜드와 소비자가 만들어 내는 즐거운 경험은 브랜드에 대한 긍정적인 이미지를 확산시킬 것이다.

27. 코카콜라

소소한 행복, 미니 코카콜라
The Coca-Cola Mini Kiosk

작은 것들은 사랑스럽다. 해맑게 장난치는 아이들의 모습이나 아기 고양이나 강아지가 뒤뚱거리며 걸어가는 모습을 보면 저절로 흐뭇한 미소를 짓게 된다. 그들은 힘이나 권력을 과시하지 않으며 겸손하고 순진하다. 또한 작은 외형으로부터 느껴지는 아기자기한 매력은 어린 시절의 추억들을 떠오르게 한다.

코카콜라는 신제품인 미니 코카콜라의 이러한 특성을 살려 독일의 5개 도시에서 미니 키오스크를 만들어 제품을 판매하였다.

키오스크는 성인 남성의 허리까지 오는 높이로 마치 공원 바닥에 붙어 있는 듯이 작고 아담했다. 사람들은 점원과 눈을 맞추기 위해 허리를 숙여 키오스크 내부를 살펴보며 인사하기도 하고, 무릎을 굽히고 앉아 키오스크 옆 자판기에서 미니 코

카콜라 캔을 뽑아 마시며 관심을 보였다.

길을 걷다가 키오스크를 마주한 수많은 사람들이 신기한 듯 쳐다보거나 사진을 찍었다. 주인과 함께 산책 중이던 개도 꼬리를 흔들며 점원에게 인사하고, 어떤 사람들은 키오스크 높이에 맞춰 함께 '셀피'를 찍으며 즐거워했다. 이 미니 키오스크는 비록 점원 한 명의 상반신만 겨우 보일 정도로 크기가 작지만, 콜라뿐만 아니라 신문이나 간단한 스낵류도 판매하는 등 일반 가판대의 역할 역시 충분히 해냈다. 하루 평균 380개의 미니 캔이 팔렸으며, 이것은 다른 자판기 판매량의 278%나 되는 높은 판매량이었다. '작다'는 제품의 특성에 초점을 맞추어 제작한 미니 키오스크가 많은 사람들에게 즐거움을 준 셈이다. 큰 것에 익숙한 세상에서 작고 귀여운 키오스크와 제품으로 새삼 작은 것이 가져다주는 행복을 느끼게 해준 신선한 캠페인이었다.

chapter 5

편익을 보여 주다?
가치를 말해 주다!

머리로 이해시키지 마라
가슴으로 공감하게 하라

내 제품이
어떤 기능이 있는지가
아니라

왜 내 제품이
존재해야 하는지가
핵심이다.

1. Pela Vidda

우산 비닐 포장기를 활용한 기발한 콘돔 광고
Pela Vidda Umbrella Condom

이성과 성관계를 맺을 때 반드시 필요한 것이 바로 콘돔이다. 콘돔의 중요성은 말할 필요도 없이 일반에게 잘 알려져 있다.

그럼에도, 콘돔을 사용하지 않아 의도하지 않은 일이 생기는 경우를 종종 보게 된다. 상대방과 나를 위해서라도 콘돔 사용은 꼭 지켜야 할 사항이다.

브라질의 한 NGO 단체인 Pela Vidda는 20년 동안 사람들로부터 HIV+를 물리쳐 낸 단체로, 안전한 성관계를 알리기 위한 캠페인을 전개해 왔다.

이 광고에서 사용된 미디어는 바로 우산 비닐 포장기다. 비 오는 날 우산 비닐을 이용한 광고 메시지를 제작한 것이다.

우산 비닐로 어떻게 콘돔의 중요성을 알릴 수 있었을까?

비 오는 날 건물이나 카페 입구마다 설치된 우산 비닐 포장기를 쉽게 접할 수 있다. 브라질 건물들에는 우산 비닐 포장기들이 많다. 콘셉트의 효력은 바로 물이 묻어 있는 우산을 포장기에 넣는 행위 자체에서 발생한다.

우산에 묻은 물이 떨어지지 않게, 또 새지 않게 우산 비닐 포장기에 넣는 것을 콘돔의 제품 기능과 연결한 것이다. 남자의 성기가 우산이라면 우산 비닐은 콘돔 그리고 빗물이 체액을 의미한다.

Pela Vidda는 비 오는 날, 우산 비닐이 우산에 씌워진다는 점을 통해서 "하물며 당신의 우산도 사용하는데 왜 당신은 콘돔을 사용하지 않느냐"라는 메시지를 전달하였다. 영상을 보면 우산 비닐 포장기에 우산을 넣는 사람들은 우산꽂이 기계에 붙어 있는 콘돔 사진과 메시지를 유심히 들여다보게 된다. 그 과정에서 Pela Vidda가 전달하는 메시지를 이해하게 된다. Pela Vidda는 이 광고를 통해서 많은 온라인 유저를 확보할 수 있었다.

건강을 위한 손 씻기 운동
Soap Bus Ticket

환절기가 되면 학교나 직장, 길거리 여기저기에서 사람들이 기침하는 소리가 들린다. 온도 변화가 심해지면 면역력이 약해져 감기 환자가 부쩍 많아지는 탓이다. 이처럼 흔하게 걸리는 감기도 사실 규칙적으로 손만 잘 씻으면 어느 정도 예방이 가능하다.

제대로 손을 씻을 경우, 감기나 폐렴 등 호흡기 질환의 위험을 약 20% 정도까지 낮추고, 각종 감염 질환의 경우 약 50~70% 정도 예방할 수 있을 만큼 효과적이다. 스리랑카 최대의 의료 서비스 센터인 Asiri 병원은 이러한 점에 착안해 사람들이 제대로 손을 씻도록 하는 캠페인을 진행하였다.

스리랑카의 버스들은 수많은 사람들이 오르내리면서 손잡이를 잡고, 서로 스치면서 세균 감염의 온상이 되어 가고 있었다. 하지만 버스 정류장에는 비누가 없었기 때문에 접촉성 전염병을 막기 어려웠다. Asiri 병원과 Leo Burnett은 버스를 타는 사람들이 청결을 유지하기 쉽도록 티켓 종이를 비누로 만들었다.

승객들은 비누 티켓을 받아 들고 손으로 만져 보고 냄새를 맡아 보는 등 흥미로워했고 버스에서 내린 후 손 씻기를 실천했다. 이런 비누 버스 티켓은 스리랑카의 주요 버스 노선에서 시작되었고, 주요 상점이나 공중화장실, Asiri 병원의 포스터나 게시판을 통해 올바른 사용법을 공지하였다.

비누 티켓을 받아 본 사람이라면 일상생활을 하다가도 순간 손을 씻어야 한다는 생각을 좀 더 자주 하게 될 것이다. 병원균에 무방비로 노출되었던 현실을 극복하고 보다 적극적인 해결책을 찾게 해 준 착한 크리에이티브가 돋보인다.

Asiri Group of Hospitals | Leo Burnett Colombo
Sri Lanka | 2015

3. Liga Contra el Cancer
태양을 피하는 새로운 아이디어
Shadow wifi

휴식을 위해 해변가에 놀러 온 사람들은 뜨거운 햇볕 아래 누워 일광욕을 즐긴다. 그런데 누워 있다가 자신도 모르게 잠들 경우, 햇볕을 너무 오래 쬐어 피부가 벌겋게 타거나 물집이 생기는 일광화상을 입을 수 있다. 또한 최근에는 오존층이 파괴되어 자외선으로 인한 피부암 발병률이 점점 증가하고 있어 각별한 주의가 필요하다. 미국의 암 방지협회인 Liga Contra el Cancer에서는 강한 자외선이 피부암에 큰 영향을 미친다는 사실을 사람들에게 알리고, 피부암 예방법도 생각해 냈다. 바로 shadow wifi, 시원한 그늘에서 즐기는 무료 와이파이 존이다.

페루의 아구아 둘세(Agua Dulce) 해변에 커다란 구조물 2개가 설치되었다.

이 구조물들은 해변가에 있는 많은 사람들이 햇볕을 피할 수 있는 큰 그림자를 드리웠다. 구조물 위에는 태양 추적 센서가 빛의 움직임에 따라 와이파이 안테나를 움직여서 그림자 영역에만 와이파이가 적용되도록 했다.

일광욕을 즐기던 사람들이 스마트폰으로 와이파이를 쓰기 위해 점차 그늘로 모이기 시작했고, 자연스럽게 태양광으로부터 보호받을 수 있게 되었다.

강렬한 경고문 없이도 사람들이 자연스럽게 좋은 선택을 하도록 유도한 것이다. 또한 와이파이에 접속할 때 이메일을 입력하면, 피부암 예방법에 대한 정보까지 제공받을 수 있다.

세찬 바람은 나그네가 옷깃을 더욱 단단히 여미게 하지만, 따뜻한 햇살은 오히려 두터운 옷을 벗게 하는 것처럼, 사람들 스스로 좋은 방향을 선택할 수 있도록 도와주는 것이 아이디어라는 사실을 입증한 캠페인이었다. 이 캠페인은 뉴질랜드나 샌프란시스코에 위치한 암 예방 단체를 통해 더욱 확대될 예정이다.

4. InCRC

강력한 힘을 가진 '넛지 효과'
옐로카펫 횡단보도

어린이들은 어른들에 비해 신체적으로나 정신적으로 아직 연약하고, 미숙하다. 위험한 상황에 대한 빠른 대처나 인지능력 역시 부족해서 어느 정도 성장할 때까지는 어른들의 보호가 필요하다.

세상에는 일어나지 말아야 할 가슴 아픈 일들이 지금도 곳곳에서 발생하지만 특히 피해자가 어린이일 경우, 보는 이의 마음을 더 아프게 한다. 지켜 줄 수는 없었을까, 무거운 책임감마저 느끼게 한다.

국제아동인권센터(InCRC)와 서울 성북구 길음동 주민들이 함께한 '옐로카펫'은 그러한 어른들의 마음을 모아 만든 시각적 장치다. 최근 조사 결과에 의하면 우리나라 아동 사망 사고 중 44%가 교통사고이고, 그중 81%는 횡단보도 관련 사고라고 한다. 그만큼 횡단보도에서 아이들이 위험에 많이 노출된다는 의미다.

횡단보도 진입부에 '옐로카펫'이라는 어린이 안전지대를 만들어서 보호하자는 아이디어가 나왔다. 서울 성북구 길음동의 미아 초등학교와 길원 초등학교, 해맑은

어린이공원 3곳이 선정되어 알루미늄 재질의 노란색 스티커를 부착했는데 페인트보다 내구성, 시인성이 좋아 운전자의 식별이 용이하다.

사람의 움직임을 감지하는 센서 덕분에 밤에는 태양광 램프가 작동, 귀가하는 어린이들의 안전도 확보할 수 있었다. 또 키가 작은 어린이는 가방에 노란색 카드를 달아 주어 운전자가 잘 볼 수 있도록 했다. 이 옐로카펫은 운전자뿐만 아니라 어린이들이 횡단보도 신호를 기다리는 자세에도 변화를 가져왔다. 아이들은 인도 안쪽으로 붙인 스티커에 서게 되었으며, 기다리는 동안 장난치는 일도 줄어들었다. 이 옐로카펫은 성북구 길음동에서 시작해 인천 서구, 광주 광산구 등 점차 확대되는 추세다.

옐로카펫은 일종의 넛지(Nudge) 효과를 가져와 어린이와 운전자 모두가 주의를 기울이도록 한 사례다. 아직 도입 초기이지만 교통사고로부터 어린이들을 보호할 수 있기를 기대해 본다.

5. IKEA

이케아 아파트 지하철 설치 프로모션
Making of montage de l'appart IKEA

내가 쓰는 이 제품, 다른 사람들은 어떻게 쓸까? 누구나 한번쯤 그런 생각을 하며 집에 있는 제품들을 사용해 본 적이 있을 것이다. 사실 가족 외의 사람들이 어떻게 살고, 어떤 제품을 어떻게 사용하는지 관찰할 기회는 흔치 않다. 아무리 리얼한 다큐멘터리나 예능 프로그램도 카메라에 비친 만큼, 편집을 거친 방송 분량만큼만 보여 줄 수 있다.

스웨덴의 DIY 가구업체인 IKEA는 전 세계적으로 약 35개국에 260여 개 매장을 보유한 가구업체다. 그들은 실용적인 디자인과 저렴한 가격으로 유명한 자사의 제품을 사람들이 삶 속에서 어떻게 사용하며 살아가는지 색다른 방법으로 보여 주고자 했다. 바로 프랑스의 오베르(Auber) 역에서, 6일 동안 실시간으로!

IKEA는 세계에서 가장 큰 지하철 역 중의 하나인 프랑스 오베르 역 안에 2개의 동일한 가건물을 짓고, 자사 가구들로 채웠다. 5명의 룸메이트들은 6일 동안 그곳에서 먹고, 잠자고, 이야기하면서 IKEA가 준비한 가구들을 사용하였다. 지나가는 사람들은 유리같이 투명한 합성수지 너머로 그들이 살아가는 모습을 구경할 수 있었다. 또한 사람이 살지 않는 다른 건물에도 똑같은 가구들이 전시되어 있어, 지나가던 사람들이 사용해 볼 수 있도록 했다. 54㎡의 좁은 공간도 IKEA의 가구들로 최대한 효율성 있게 사용하면 안락한 삶의 공간으로 바뀔 수 있다는 것을 사람들에게 직접 보여 준 것이다.

다른 사람들의 삶을 직접 보여 주어 생활 공간에 함께 있는 IKEA 제품에 대한 흥미 역시 높았다. 또한 바로 옆 건물에서 자신이 직접 가구들을 체험해 보게 하여 잠재 고객들에게 더 다가갈 수 있도록 프로모션하였다.

6. WWF, 코카콜라

북극곰과 인류를 지키기 위한 메시지
Coca-Cola and WWF help conserve the Arctic Home
Augmented Reality

코카콜라 광고에는 겨울이 되면 어김없이 등장하는 사랑스러운 캐릭터들이 있다. 바로 산타클로스와 북극곰이다. 코카콜라에 마스코트처럼 등장하는 북극곰은 겨울이 되면 광고에 나와 시원하게 콜라를 마시는 모습으로 오랜 기간 수많은 이들에게 사랑받아 왔다. 이러한 코카콜라의 북극 캐릭터들은 전 세계적으로 사랑받고 있는데, 최근 지구온난화로 인해 북극의 빙하가 녹아 북극의 동식물들이 멸종 위기에 처하게 되자 코카콜라는 세계야생동물기금협회인 WWF와 손을 잡고 'Arctic Home' 캠페인을 진행하여 북극곰 살리기에 나섰다.

캠페인의 일환으로 2013년 1월 런던의 과학박물관에 3D 증강현실 기법을 이용, 사람들에게 북극곰이 처한 실상을 알렸다. 빙하 위에서 천진난만하게 뛰어노는 두 마리의 아기 북극곰과 곁에서 지켜보는 어미 북극곰이 화면 속에 등장했을 때 사람들은 신기하게 쳐다보며 허공을 향해 북극곰들을 쓰다듬기도 하고, 뛰어노는 아기 북극곰들 근처에 앉아 구경하기도 했다.

그런데 시간이 지나자 빙하가 녹아 균열이 가기 시작했고, 얼음 조각이 둥둥 떠내려가면서 북극곰들이 설 곳은 점점 사라졌다. 어미 북극곰과 아기 북극곰들이 얼음 조각 위에서 바다로 뛰어들어 헤엄을 치는 모습에서는 사태의 심각성이 여실히 드러났다. 북극의 빙하가 녹으면 북극곰들이 삶의 터전을 잃게 된다는 사실을 생생하게 보여 주어 방문자들에게 경각심을 심어 준 것이다. 방문자들은 3D 안에 들어가서 스냅샷을 찍고, 페이스북 등 소셜 미디어를 통해 이를 공유했다.

코카콜라와 WWF는 모든 사람들이 알면서도 일상 속에서 잊기 쉬운 문제를 증강현실을 통해 절감하도록 해 주었다. 또한 사람들이 자주 사용하는 소셜 미디어를 통해 그들이 의도하는 메시지를 효과적으로 전달했다.

WWF, Coca-Cola | Lexis Agency
UK | 2013

7. NIKE

건강 점수 쌓은 만큼 나이키가 쏜다
NIKE FUEL BOX

열심히 운동한 만큼 누군가로부터 선물을 받는다면?

틀에 얽매이지 않는 파격 프로모션을 전개하는 것으로 잘 알려진 나이키에서 세간의 화제에 올랐던 퓨얼밴드(FuelBand) 출시 이후 그 연장선상에서 이색 프로모션을 내놓았다. 바로 나이키 퓨얼박스(NIKE Fuel Box)가 주인공이다. 나이키 퓨얼박스에는 운동 마니아가 마음을 빼앗길 만한 나이키 제품들(모자, 셔츠, 양말, 헤어밴드…)이 비치되어 있으며 원하는 제품을 구할 수도 있다. 하지만 현금이나 신용카드로 결제하는 전통 방식은 물론 아니다. 이미 나이키 퓨얼밴드의 사용자라면 열심히 운동하고 기록된 일간 퓨얼 점수(Fuel Point)로 나이키의 다양한 제품들과 교환할 수 있도록 고안되었다는 점이 특징이자 호기심을 유발하는

포인트다. 이미 나이키는 트위터를 통해 뉴욕에 설치된 퓨얼박스의 위치를 알려
둔 상황. 퓨얼밴드를 사용하고 있던 사람들은 당연히 퓨얼박스에 관심을 가지게
되었고 자신의 퓨얼 점수로 '득템'하기 위해 더 열심히(?) 움직이게 되면서, 자연
스럽게 운동량도 늘리고 500~1000포인트로 구성된 마음에 드는 제품도 얻는 일
석이조의 효과를 거둔 셈이다. 보통 사람이 하루에 2000포인트의 활동량은 채운
다고 하니 가지고 싶은 제품으로 교환하는 주기도 꽤 빠른 편.

이는 기존의 BTL 방식이 소비자 트렌드에 맞게 발전된 디지털 리워드 이벤트
(Digital Reward Event)라고 할 수 있으며 스스로 운동하며 건강도 챙기고 필요
한 제품으로 보상받을 수 있도록 착안되었다는 점에서 고객들의 자발적 참여가
점차 확대될 것이라는 기대를 가지게 한다. 퓨얼밴드 사용을 지속적으로 활성화
하고 고객들의 운동에 대한 열정과 노력을 북돋운다는 차원에서 이 프로모션의
가치는 더욱 높게 평가할 수 있을 것이다.

8. Nar Mobile

웨어러블 밴드, 착하게 진화하다
Life-saving Cable Project

아제르바이잔에서 태어나는 아기들에게서 많이 나타나는 선천적 혈액 질환이 있
다. 지중해 인접 지역 국가에서 흔히 발생하기 때문에 '지중해성 혈액 질환'이라
고도 하며 일반적 빈혈 증상 외에 황달 등 합병증을 유발하는 것으로 알려져 있
다. 아직까지 이 '지중해성 혈액 질환'에 대한 특별한 치료법은 없으며 그저 정기
적인 수혈을 통해 혈액 속의 헤모글로빈 수치를 정상 수준으로 유지해 주는 것이
중요하다고 한다.

이동통신 회사인 Nar Mobile은 어린 생명을 구하기 위해 'Life-saving Cable'이
라는 프로젝트를 고안, 헌혈 캠페인을 펼치기로 했다. 이 프로젝트는 설득력 있는

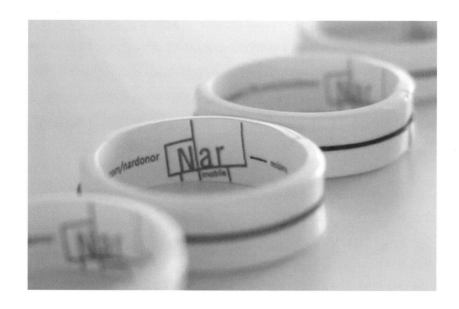

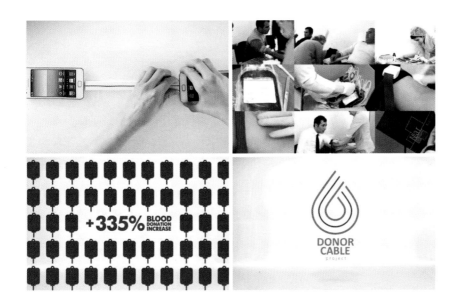

헌혈 캠페인 콘셉트와 메시지 덕분에 성공할 수 있었는데, 처음 영감을 얻게 된 계기도 휴대폰 충전 케이블이었다는 점이 이채롭다. 케이블을 이용하면 두 대의 휴대폰을 연결하여 충전이 필요한 쪽 기기로 배터리 용량을 호환할 수 있게 되는데, 수혈이 필요한 사람에게 누군가의 피를 나누어 주는 것에서 힌트를 얻은 것이다. Nar Mobile에서는 손목 부착형(Wearable)으로 제작한 밴드를 배포하였는데 착용 시 스마트폰 앱으로 자동 인식되는 기능이 있어 헌혈을 장려하는 메시지를 바로 접할 수 있고 사용자에게 보다 적극적인 헌혈 동기를 부여한다는 점에서 매우 기발하다. 해당 기업 입장에서는 한 편의 의미 있는 캠페인 광고를 기획함으로써 대외적으로 긍정적 이미지를 고양시켰을 뿐 아니라 칸 국제광고제에서 수상까지 했으니 이보다 더 좋을 순 없을 것 같다.

최근 크게 주목받고 있는 웨어러블 디지털 기기(Wearable Digital Device)가 사회적 계몽과 결속을 키워 나가는 데 큰 희망을 시사한 캠페인이다.

9. 삼성전자

운전자의 생명을 지키는 아이디어
Samsung Safety Truck

아르헨티나에서는 도로가 좁은 데다 대형 트럭의 통행이 잦아 이로 인한 교통 체증이 많고 차량 운행 중 교통사고 발생 빈도도 매우 높다고 한다. 시간 내 목적지 도착을 위해 속도 경쟁과 추월을 마다하지 않기 때문에 늘 사고 위험이 있다. 더구나 큰 트럭을 뒤따르던 승용차가 곡예 운전하듯 중앙선을 침범해 가며 앞지르기를 하게 되면 반대편 차선 차량과의 충돌 위험은 훨씬 커진다. 실제로 아르헨티나에서는 교통사고 사망률 급상승의 직접적인 원인으로 대형 차량 앞지르기를 지적한 바 있다.

이러한 상황을 개선하고자 한국 기업 삼성이 나섰다. 광고 에이전시 레오 버넷과 함께 '안전 트럭' 아이디어를 고안했는데, '삼성안전트럭(Samsung Safety Truck)'이라고 명명한 이 프로젝트는 트럭 후면에 설치된 대형 화면을 통해 전방 상황을 알려 줌으로써 안전한 추월을 가능하게 해 주는 시스템이다. 트럭 전면에 설치된 무선 카메라가 실시간으로 전방 도로 상황을 중계해 대형 디스플레이(Video Wall Display) 4개를 통해 뒤따르는 소형 차량에게 고스란히 전달되므로 운전자가 다른 차들이 없음을 확인하고 트럭을 추월해 갈 수 있도록 한 것이다. 또 '야간 안전 모드(Night Vision Mode)' 기능이 있어 밤에도 주간과 다름없이 밝은 시야를 확보할 수 있다. 이 시스템을 장착한 트럭을 대상으로 실험한 결과, 추월을 시도했던 24,200건 이상의 차량이 무사고를 기록했다고 하니, 실제로 교통사고 방지에 큰 효과가 있음을 증명한 셈이다. 교통사고 방지 시스템의 발전 가능성을 보여 준 사례이자, 삼성전자가 주력해 온 디스플레이(Display) 분야 기술력을 다시 한번 과시한 프로모션이었다.

자동차와 자전거 운전자 모두의 안전을 생각하다
VOLVO LIFE PAINT

광고 영상이 시작되자, 먼저 "영국에서는 매년 1만 9000명 이상의 자전거 이용자
가 교통사고를 당한다."라는 자막이 등장한다. 영상에는 야간임에도 수많은 자전
거 이용자들이 자동차와 뒤섞여 주행하는 모습이 나타난다. 전체 영상의 절반을
보기도 전에 영국 도심에서 자전거를 교통수단으로 이용하는 사람들의 비중이 매
우 크다는 것을 알 수 있고 인터뷰에서도 택배회사 직원, 작가 등 직접 자전거로
출퇴근하는 사람들이 얼마나 위험에 노출되어 있는가를 알 수 있다. 자전거 이용
에 따르는 위험성은 이제 누구나 인식하고 있는 일반적 사항이지만 위험으로부
터 자신을 보호할 방법에 대해서는 딱히 대책을 마련하지 못하는 것이 현실이다.

VOLVO | Grey London
UK | 2015

충돌 사고를 미연에 방지할 수 있는 근본적인 대책 마련은 불가능한가?

세계적인 자동차 기업 볼보에서 그 해답을 내놓았다. 자동차 운전자와 자전거 이용자 양측 모두의 안전을 지킬 수 있는 '라이프 페인트(LIFE PAINT)'를 고안해 낸 것. 간단히 말해, 라이프 페인트를 자전거와 헬멧에 뿌리면 자동차 헤드라이트 빛을 받을 때 강한 발광 효과가 나타나 원거리에서도 쉽게 자전거를 식별할 수 있다. 사전에 충돌을 막는 것이다. 옷에 분사할 경우, 전체 발광 면적이 넓어져 사람의 안전도 그만큼 확보된다.

간편한 안전 스프레이 개발을 통해 도로 교통안전을 생각하는 볼보의 기업 정신을 다시 한번 돌아보게 해 준 정말 뜻깊은 캠페인이 아닐 수 없다. 역시 세계적인 자동차 회사로서 많은 고객을 보유한 데는 그만한 이유가 있음을 보여 준 훌륭한 사례다.

자유를 향한 외침, 홀로그램 가상 시위
Holograms for Freedom

스페인 의회에서는 지난 2014년 말 시티즌 시큐리티(Citizens Security)라고 불리는 새로운 공안 법안이 통과되면서 논란이 일었다. 통과된 법안은 국회의사당 등 주요 기관 앞에서 시위를 하면 벌금을 부과하도록 해 정부에 대한 비판을 억누르기 위한 내용을 담았다. 그 탓에 이에 대한 반대 목소리가 높아지고 있었다. 그런데 이 법안에 반대하는 사람들이 신규 법안에 의한 처벌을 피할 수 있는 형태의 시위를 처음으로 시도해 눈길을 끈다.

홀로그램 포 프리덤(Holograms for Freedom)이라는 단체는 새로운 법안 시행에 반대하는 전 세계 사용자의 얼굴과 몸을 비춘 이미지 데이터를 공식 사이트를 통해 모집한 다음 이를 통해 행진 영상을 제작했다. 영상 속에는 2000명이 넘는

군중의 이미지가 담겨 있다. 영상 길이만 해도 1시간에 달한다고.

이어 마드리드에 위치한 국회의사당 앞에서는 프로젝터를 이용해 홀로그램처럼 이 영상을 비춰 가상 시위 행진을 실시했다고 한다. 국회 앞을 오가는 사람들은 새로운 법안 시행에 반대하는 메시지를 걸고 있다. 이 법안에 따르면 허가 없이 국회와 대학, 병원 등 공공시설에 모이는 건 불법이다. 하지만 새로운 법안이 시행되더라도 입체 영상이라는 상황에 스페인 정부가 어떻게 대응할지 관심이 모아진다. 사상 유례가 없는 자유를 위한 가상 시위 퍼레이드, 인권을 생각하는 정신과 첨단 기술의 힘이 있었기에 실현 가능했다.

청진기를 통해 들려온 아프리카의 심장 소리
Africa Health Placements Stethoscope Ad

사람은 원하는 바와 상관없이 많은 것들이 결정된 채 태어난다. 나라, 인종, 부모, 교육 환경 등 한 사람의 삶과 인격을 형성하는 수많은 요소를 스스로 결정할 수 없다. 태어날 때부터 질병과 극심한 가난에 시달려야 하는 곳이 있는가 하면, 큰 어려움이 없는 곳도 있다. 그런 면에서 보면 넉넉하게 소유했다는 것은 부족한 곳을 채워 주라는 의미를 담고 있는 것이 아닐까.

우리가 알다시피 아프리카는 많은 도움을 필요로 한다. 특히 인구에 비해 의사 수가 턱없이 부족해서 제대로 된 의료 서비스를 받기 어렵다. 매년 1200명의 의사가 배출되지만, 그중 2.9% 정도만이 지역사회에서 활동한다. Africa Health Placements는 턱없이 부족한 아프리카의 의료진 수를 다른 나라로부터 보충받을 수 있도록 돕는 단체다.

이들은 다른 나라 의사들의 지원율을 높이기 위해 의사들만이 들을 수 있는 독특한 방법으로 메시지를 전달하려 했다. 그래서 고안한 방법이 Stethoscope Ad이다. 그들은 먼저 우편을 통해 아프리카에서 다른 나라 의사들에게 작은 상자를 보냈다. 의사들이 나무상자의 뚜껑을 열고 거친 천을 젖히면, 청진기를 대는 위치가 표시된 장치가 나타난다. 청진기를 끼고 그 위치에 지그시 누르면, 기기가 압력을 받아 미리 녹음된 MP3가 작동한다. 처음에는 심장박동 소리가 들리다가 점점 아프리카의 북소리로 바뀌면서 지원을 요청하는 메시지가 들리는데, 청진기를 사용해야만 들을 수 있다. 소박하고 거친 듯한 아날로그 방식을 통해 오히려 메시지의 진정성을 높인 것이다.

광고의 목표가 되는 사람들만이 들을 수 있도록 감성적으로 메시지를 전달함으로써, 전통적인 방식으로도 충분히 신선한 광고를 만들 수 있다는 것을 보여 주었다. 이 광고는 2014년 칸 국제광고제에서 은상을 수상하였다.

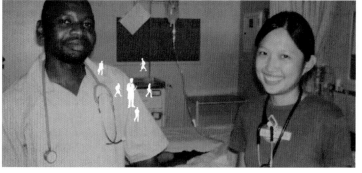

13. The Village

주차 문제를 해결하는 아이디어, 페이스북이 완성하다
The Village Parking Douche

다른 사람을 배려하지 않고 주차해 놓은 차들은 어느 나라에서나 골칫덩이다. 살면서 한번쯤은 인도를 걸어가다가 길을 막고 서 있는 차를 피해 돌아간 경험이 있을 것이다. 이 정도의 불편함으로 그치면 다행이지만, 때로는 위급한 상황에서 불법으로 주차해 놓은 차들 때문에 시간이 지체되는 안타까운 일이 발생하기도 한다. 러시아 역시 이렇게 잘못 주차된 차들로 큰 불편을 겪었다.

그래서 온라인 지역 신문인 The Village.ru에서는 이러한 불편함을 개선하기 위해 무료 앱을 개발하여 Parking Douche라는 이름으로 캠페인을 진행하였다.

먼저, 불법 주차해 놓은 차량의 번호판을 찍은 다음, 차종과 컬러를 찾아 정보를

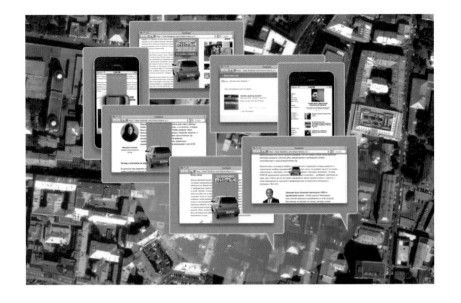

입력한다. 그러면 주차된 차량 주변의 IP 주소로 인터넷 접속 중인 사람들에게 실시간 팝업창이 뜬다. 팝업창에 불법 주차 차량의 정보가 뜨는 것이다. 이 팝업창은 페이스북에 공유를 해야만 사라지기 때문에, 인터넷 기사를 읽던 사람들은 기사가 가려지는 불편함을 겪게 된다. 그들은 기사를 읽기 위해 페이스북에 불법 주차 차량의 정보를 공유하게 되고, 차 주인은 민망함에 다시는 불법 주차를 하지 않겠다고 마음먹게 된다. 반복되는 불법 주차 예방 효과를 기대할 수 있는 대목이다. 또한 페이스북에 차량 정보를 공유한 사람들 역시 자신들의 주차 습관을 다시 한번 돌아보게 되어 장기적으로 상당히 효과가 기대되는 캠페인이었다.

오프라인에서 길을 걷는 사람들이 느끼는 불편함과 온라인에서의 불편함을 연계하여 불법 주차에 대한 경각심을 가지게 한 이 캠페인은 2012년 칸 국제광고제에서 금상을 수상하였다.

14. Autism Speaks

아이야, 나를 보렴
Autism Speaks Kinect Interactive Ad

일반적으로 사람들은 몸에 아픈 부위가 생기면 병원에 가서 진단을 받고, 제대로 된 치료를 받으려 한다. 병원균이 몸에 침투하면 약을 먹고, 외상이 생기면 연고를 바르거나 꿰매는 식이다. 주변 사람들의 시선을 크게 신경 쓰지 않고 진료를 받는다. 그런데 유독 정신적인 치료에 대해서는 병원에 가기 꺼려 하며 아프다는 사실 역시 숨기거나 부정할 때가 있다.

가족들 역시 자신이 사랑하는 사람이 아프다는 사실을 인정하기가 쉽지 않아 적절한 치료 시기를 놓치기 쉽다.

미국의 자폐연구재단인 Autism Speaks는 자폐 스펙트럼 장애를 가진 아동의 징후를 부모가 조기에 발견하여 적절한 치료를 받을 수 있도록 캠페인을 진행하였다. 그들은 키넥트 모션 센서를 사용한 설치물을 제작하였는데, 이 설치물 전면의 스크린을 통해 실제 크기의 어린아이가 서 있는 모습을 볼 수 있다. 사람들은 설치물 바닥에 붙은 "이 소녀와 시선을 마주쳐 보세요"라는 문구에 따라 허리를 숙

Avoiding eye contact could be a sign of autism.
Learn the signs at autismspeaks.org

AUTISM SPEAKS
It's time to listen.

이고 아이와 눈을 마주치려 한다. 그러나 이 설치물 상단에 위치한 모션 센서가 사람들의 머리와 몸의 움직임을 감지하여, 아이가 사람들의 움직임과는 다른 방향으로 시선을 돌리도록 만들었기 때문에, 아이와 시선이 마주치는 것은 불가능했다. Autism Speaks는 시선 회피를 체험한 사람들이 자폐 스펙트럼 장애가 의심되는 아이를 조기에 발견하고 적절한 진단 및 치료를 받을 수 있도록 한 것이다. 키넥트 모션 센서라는 기술을 사용하여 사람들이 자폐 스펙트럼에 대해 인터랙티브하게 이해하고, 주변 아이들의 상태에 관심을 가지도록 한 유용한 캠페인이었다.

15. YAHOO JAPAN

만약 눈으로 볼 수 없다면
YAHOO JAPAN Hands on Search

야후 재팬(Yahoo Japan)이 기업의 서비스가 창출하는 진정한 고객가치는 무엇인가라는 물음에 메시지를 전하기 위해 "Hands on Search"라는 감동적인 디지털 캠페인을 선보였다. Hands on Search는 야후 재팬에서 만든 3D 모형 프린터다. Hands on Search 앞에서 어떻게 생겼는지 궁금한 사물이나 동물을 말하면 기계가 단어를 검색해 데이터베이스에 전달한다. 데이터베이스에 해당 사물이나 동물의 설계도면 자료가 있으면 바로 출력되고, 없으면 관련 사이트에 광고가 자동으로 게재되어 일반에게 노출된다. 기업이나 개인이 3D 프린팅 설계 도면을 관련 사이트에 올려 주면 데이터베이스를 거쳐 프린팅하게 되는 것이다.

시각 장애 아동들이 음성 검색과 3D 프린터가 결합된 기계를 체험하는 과정을 보여 줌으로써, 영상을 보는 사람으로 하여금 새로운 차원의 검색 서비스에 대한 가치를 느끼게 하고 정서적 교감을 이끌어 낸다고 볼 수 있다. 야후 재팬은 2013년 11월 1일 캠페인을 처음 진행한 츠쿠바 대학에 프린터를 무상 기증, 다수의 3D 데이터를 보유하게 되었고, 2014년 3월 Github에 검색 앱을 오픈소스화함으로써 7곳의 맹인 학교에 프린터를 설치하거나 지속적인 서포트를 전개 중이다.

3D 프린터 기술은 지극히 이성적인 장르이나, 사람을 향하는 기술이라는 감성적 해석이 필요한 순간이다.

단순히 혁신적인 기술을 말함이 아니라 그것을 사용하는 '사람'에게서 크리에이티브가 출발하였기에 소비자의 인식 속에 긍정적 이미지가 자리할 수 있었다. 아직 3D 프린터 기술의 한계로, 만들어진 제품을 아이들이 바로 꺼내어 만져 보지는 못하지만 발전 추이에 따라 곧 해결될 것으로 기대된다. 이 프로젝트야말로 인간과 기술이 결합해 만든 가장 의미 있는 솔루션이다.

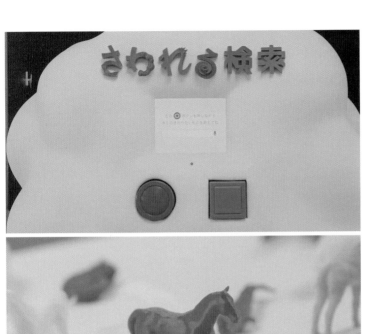

YAHOO JAPAN | HAKUHODO KETTLE INC.
Japan | 2013

나의 헌혈이 저 사람을 살렸구나
Santa Casa Hospital QR Thanks

브라질의 Santa Casa Hospital은 주목할 만한 미디어 크리에이티브를 통해 지속
적으로 인상적인 헌혈 캠페인을 선보이고 있다. 최근 진행한 헌혈 캠페인은 QR
코드를 활용하여, 혈액을 주고받는 사람 간에 정서적으로 강력한 유대를 형성하
는 흥미로운 인사이트를 제공했다. 보통 헌혈을 하는 사람들은 자신이 기부한 피
가 어떤 사람들을 위해 실제로 사용되는지 확인할 수 없었다.

이는 헌혈 대상자를 모집하는 과정에서도 걸림돌로 지적되어 왔기 때문에 헌혈을
하는 사람(Donors)과 헌혈자의 피를 제공받는 사람(Receivers)을 직접적으로 연
결할 수 있는 아이디어가 필요했다. 헌혈을 한 후 주삿바늘을 꽂은 부위에 붙이는
반창고에는 QR 코드가 새겨져 있어 헌혈에 동참한 사람들이 QR 코드를 스캔하

Thank you

Santa Casa Hospital | Y&R Sao Paulo
Brazil | 2012

면 자신의 피를 받게 될 수혜자들이 헌혈에 대한 고마움을 전하는 영상을 확인할 수 있도록 했다. 또 그 영상을 페이스북과 트위터로 공유할 수 있도록 했다. 헌혈에 참여하는 사람들은 자신의 헌혈로 직접 혜택을 받는 사람들의 사연을 병원에서 확인하고 기부 활동에 의미부여를 할 수 있었다. 병원에서 사용하는 반창고를 색다른 미디어로 응용한 시도도 캠페인 성공에 큰 몫을 차지했다.

캠페인 진행 후 일주일 만에 약 800명 이상이 헌혈에 동참하는 성과를 낳았고 3개월 후 헌혈에 동참한 인원이 23% 이상 증가하는 결과로 이어졌다.

기부의 과정에서 형성된 정서적 교감이 인간 존엄의 가치를 한 번 더 생각하게 해주는 성공적 사례다.

17. Pepsi

세상을 더 좋게 만드는 아이디어
Pepsi Refresh Project

사람들은 패스트푸드를 먹을 때 콜라를 즐겨 마시곤 한다. 치킨, 피자와 함께 마시는 콜라는 특유의 청량감으로 식감을 더해 준다. 건강을 생각한다면 그다지 권장할 바는 아니지만, 그 시원한 맛에 사람들은 여전히 콜라를 찾는다.

펩시 역시 이러한 사정을 잘 알고 있었다. 미국의 경우 특히 당뇨병이나 비만 같은 성인병이 심각한 사회 문제이기 때문에 펩시 역시 이러한 부정적 인식에서 자유로울 수 없었다. 그래서 펩시는 탄산음료 시장에서 경쟁을 벌이던 패턴을 바꿔, 건강한 제품을 만드는 쪽으로 회사 이미지의 변신을 시도한다.

이렇게 탄생한 것이 바로 Pepsi Refresh Project(PRP)였다. 이 프로젝트는 '탄산음료가 정말로 세상을 더 좋은 곳으로 만들 수 있을까?' 하는 의문으로부터 출발했다. 이를 위해 펩시는 23년 만에 전 세계 200여 국가에서 주목하는 초대형 이벤트인 슈퍼볼 광고를 중단하고, 온라인을 통해 이 프로젝트를 진행하였다. PRP는 6가지 주제(보건, 예술과 문화, 식품과 주거, 지구, 이웃, 교육)에 관한 아이디어를 개인 혹은 비영리 단체가 온라인 플랫폼에 올리고, 네티즌들이 가장 선호한 순서대로 지원해 주는 형식이었다.

세상을 더 좋은 곳으로 만들겠다는 펩시의 아이디어에 수많은 사람이 관심을 보였고 우승 후보 선정 시 공정성에 대한 의혹이 있었음에도 상당히 혁신적인 프로젝트로 주목받았다. 소비자들은 사회적으로 좋은 일을 하는 기업의 제품을 더 사주고 싶은 마음을 가지고 있다. 그러한 측면에서 펩시의 PRP는 제품과 기업의 사회적 선행을 연결시키기 위한 의미 있는 시도라고 평가할 수 있다.

Pepsi | TBWA
US | 2010

교육 문제 해결을 위한 서비스 디자인, 행복한 성적표
Happy Reportcard for Service Design,
Solving Education Problem

우리나라의 학교 성적표는 단순히 등수와 성적을 통지하는 용도로 사용되고 있어 중·고등학생이 성적표 때문에 받는 스트레스가 상당하다. 대학 입시만을 강조하는 교육 제도 속에서 청소년의 자살 이유 중 성적과 진학이 53.4%로 과반수를 차지했으며(통계청, 2010) 학생들이 즐기는 여가 활동은 TV 시청과 게임이 30%를 차지했다(통계청, 2011).

'행복한 성적표'는 현 교육 체제의 실질적 당사자인 교사, 학부모, 학생을 대상으로 FGI를 실시해 그들의 인사이트를 파악해 보았는데 학생은 부모님과 성적 관련 대화를 회피하였고, 성적표가 나오는 날은 특히 더 스트레스를 받는다고 답했다. 학부모도 진로나 성적에 대한 이야기는 부담을 느껴 눈치를 보거나 대화 자체를 힘들어했다.

교사는 성적표가 학생의 대학 진학용 자료일 뿐 진로나 학교생활 지도에 활용하기에는 한계가 있어 본인이 개입할 여지가 사실상 없다는 점을 안타까워했다. 학생들을 지도해 본 경험이 있는 대학생과 실시한 추가 FGI에서는 학생들이 진로에 대한 정보를 얻거나 대화를 나눌 상대를 찾기 어려워한다는 점이 파악되었다.

이를 통해 도출한 성적표는 세 이해 관계자의 소통을 도와줄 수 있는 커뮤니케이션 도구로서 목표와 역할을 하게 되었으며 진로와 진학에 대한 정보를 더 쉽게 찾아볼 수 있도록 QR 코드가 기재되었다.

또한 학생들의 노력하는 자세를 표현해 주는 방식으로 바뀌었고, 학부모와 교사의 서술형 코멘트가 학생들에게 직접 영향을 줄 수 있도록 기록하는 공간도 마련되었다.

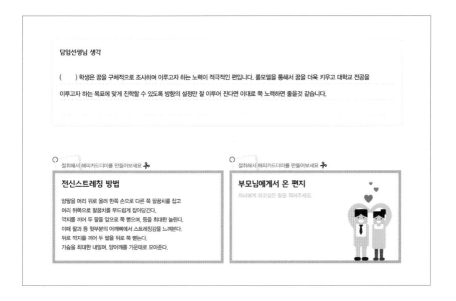

이 의미 있는 프로젝트는 2014년 제49회 대한민국디자인전람회에서 한국디자인
진흥원장상을 수상하여 서비스 디자인의 새로운 가능성을 보여 주었다.

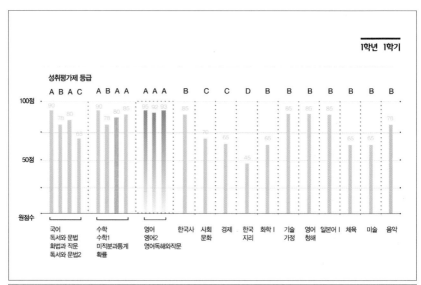

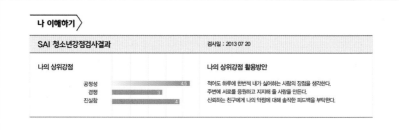

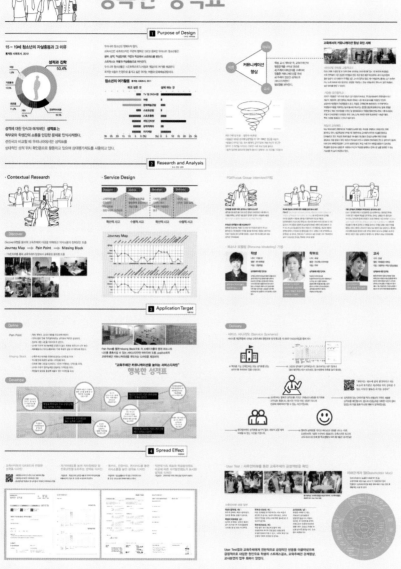

애주가를 위한 맞춤형 QR 코드
TURQUOISE COTTAGE Buddy stamp

술은 적당히 마시면 즐겁고 분위기도 화기애애하게 만들지만 지나칠 경우 일행은 물론 주변 사람들까지 힘들게 할 수 있다.

술에 취한 사람들을 안전하게 귀가시키기 위한 경찰 업무가 과중되어 문제로 지적되기도 하는데, 인도의 뉴델리에 위치한 술집인 Turquoise Cottage는 이런 문제에 도움이 될 만한 광고를 하나 기획했다.

고객들에게 즐겁고도 책임감 있는 음주 문화를 제공하기 위해 캠페인을 실시하게 된 것. Turquoise Cottage에 손님이 가장 많은 날 중 하나인 크리스마스이브, 다른 날과는 조금 다른 입장 스탬프를 고객들의 손목에 찍어 줬다. 바로 QR 코드를 찍어 준 것인데 스마트폰으로 QR 코드를 스캔한 고객들은 시간대별로 바에서 제공하는 서비스를 확인할 수 있었다. 손님이 가장 적은 시간인 8-10시는 할인 행사, 10-6시는 콜택시 정보, 그 이후 시간은 숙취 해소법이 제공됐다. 제공된 정보는 술에 취한 사람들이 안전하게 집으로 돌아가기 위해서 꼭 필요한 정보들이었다. 할인 행사를 통해 손님들을 모으고, 콜택시 정보를 제공함으로써 음주 후 안전하게 집까지 갈 수 있는 방편을 마련한 것이다. 또 숙취 해소법을 제공하여 음주로 인해 다른 사람들에게 끼치는 불편을 줄이고자 했다. 이 업소를 찾은 손님 중 스마트폰 사용자의 85%가 QR 코드를 스캔했으며 일부는 온라인에 캠페인 소식을 전했다. 앞으로는 술로 인한 말썽이 좀 줄어들게 될까? 실속 있는 정보로 모든 이들을 배려한 독특한 기획력이 돋보인다.

THE BUDDY STAMP

THIS ONE STAMP BECAME THEIR RESPONSIBLE DRINKING BUDDY FOR THE ENTIRE NIGHT!

CALL-A-CAB SERVICES

HANGOVER TIPS

THEY EVEN SHARED THEIR EXPERIENCES ONLINE

20. Harry's Bar

설득을 위한 가장 합리적인 메시지
HARRY'S BAR Bottle Message

사람들은 새로운 누군가와의 이상적 만남을 꿈꾼다. 어떻게 하면 낯선 사람들과 자연스럽게 만남을 시작할 수 있을까. 싱가포르의 체인 레스토랑인 Harry's Bar 는 'Bottle Message' 캠페인을 진행했다. 'Bottle Message'는 사람들 간의 만남을 매개로 캠페인을 기획한 사례다. 바를 방문한 남자가 주문한 맥주병에는 파란색과 핑크색을 배경으로 한 QR 코드가 새겨진 종이 tag이 걸려 있다. 맥주를 주문한 사람은 Harry's Bar Bottle Message 앱을 다운받은 후 파란색 배경의 tag 내용을 읽고 QR 코드를 스캔한 다음 마음에 드는 여성에게 메시지를 보낼 수 있다. 또 맥주 한 병을 주문해 함께 전달한다. 낯선 사람으로부터 맥주를 선물 받은

여성은 마찬가지 방식으로 메시지를 확인하게 된다. 전하고자 하는 메시지를, 바와 어울리는 매개를 활용하여 자연스럽게 전할 수 있도록 고안한 것이다. 이 메시지를 받은 상대방은 조금 놀라기는 해도 유쾌했을 것이고, 업소는 더불어 매출 증대 효과도 얻었다. 이 캠페인은 QR 코드를 활용해 바 안에서 다른 사람과의 대화를 자연스럽게 유도해 준다는 점에서 큰 호응을 이끌어 냈다. 일본, 러시아, 브라질 등의 해외 언론에도 소개된 'Bottle Message' 캠페인은 맥주 판매량을 기존 대비 두 배 이상으로 끌어올리는 성과를 거뒀다. 'Bottle Message'는 낯선 사람에게 접근할 수 있는 합리적인 이유를 만들어 주면서 성공을 거뒀다고 할 수 있다.

21. Volkswagen

때론 임팩트 있는 처방이 답이다
Please Don't Make Up & Drive

여성의 교통사고 발생 원인 중 약 50만 건 이상이 운전 중 메이크업이었다는 보고가 있다. 운전 중에 메이크업을 하는 것이 얼마나 위험한지 잘 알지 못하기 때문에 사고가 많이 나는 것이다. 스마트폰 사용이 늘어나면서 운전 중 딴짓에 대한 위험을 알리는 자동차 회사의 캠페인이 늘고 있는 추세에 맞추어 폭스바겐은 운전 중 화장을 하는 것이 교통사고를 유발하는 매우 위험한 행위라는 점을 알리기 위해 광고를 제작했다.

영상은 유튜브 채널 운영자인 뷰티/메이크업 스페셜 리스트 Nikkie를 통하여 메이크업 팁을 알려 준다. 실제로 Nikkie는 아주 유명한 뷰티/메이크업 스페셜 리스트이자 이미 많은 구독자를 확보하고 있는 유튜브 채널 운영자였다. 폭스바겐은 이 점을 절묘하게 활용했다. 평소와 같이 Nikkie는 화장을 알려 주는 듯 하나 끝부분에 교통사고 장면을 암시하며 급반전을 보여 준다.

메이크업을 알려 주는 UCC처럼 보이지만 섀도우를 바르는 순간 뒤차와의 충돌을, 마치 눈앞에서 사고가 벌어진 것처럼 실감 나는 영상으로 표현한 것. 충격적인 후반 장면을 제시하여 운전 중 메이크업이 얼마나 위험한 행위인가를 직접적으로 말해 준다. 안전 운전에 대한 메시지를 보다 강력하게 어필한 것이다. 예상치 못한 광경을 보게 된 젊은 여성 운전자들은 큰 충격을 받았겠지만 효과는 그만큼 컸을 것이다. 이와 비슷한 사례로 푸조의 'Test Drive'가 있다. 자동차 스마트폰 게임 앱과 같은 줄 알고 이름을 입력하고 게임을 하려는 순간 앞차와 꽝 하고 부딪치는 화면. 쇼킹한 비주얼에 처음 보는 사람은 깜짝 놀라게 된다. 운전 중의 딴짓은 살아 있는 동안 하는 마지막 행동일 수 있다는 경고가 담긴 광고다. 2012년 칸 국제광고제 사이버 부문에서 금상과 동상을 수상하였다.

500.000 road crashes are caused by women drivers applying make-up.

The Telegraph

Volkswagen | DDB Tribal
Germany | 2012

22. McDonald's

가장 합리적인 時테크를 제안하다
McDonald's The Train Timetable at station in Poland

열차를 이용하기 위해 기차역에 방문한 사람들은 열차 시간을 확인하려고 시간표를 보게 된다. 승차 시각을 따져 보고 그때까지 무엇을 할지 결정한다.

규모가 큰 도심의 기차역에는 대부분 사람들이 다양하게 이용할 수 있는 멀티 플렉스 시설이 위치한 경우가 많아 탑승 시각을 전후로 공간에 머물며 엔터테인먼트 시설이나 식당을 이용할 수 있다. 선택에 따라 합리적인 시간 활용이 가능해진 것이다. 맥도날드는 이러한 추세에 맞는 광고를 기획했다.

맥도날드는 폴란드 바르샤바 중앙역의 디지털 타임 테이블을 이용하여 역에서 남은 시간을 해결해야 하는 사람들에게 제품을 어필했다. 디지털 타임 테이블은 열

차 예정 시간에 대한 정보를 알려 줄 뿐만 아니라 타야 할 열차를 얼마나 기다려야 하는지 그리고 남은 시간 동안 어떤 메뉴를 먹을 수 있는지도 알려 준다. 예컨대 '당신이 20분 지연된 열차를 기다려야 한다면 치즈버거와 감자칩을 먹을 수 있다', '당신이 열차를 타기까지 한 시간 남았다면 세트 메뉴를 하나 먹을 수 있다'는 식이다.

이 실속 있는 아이디어는 기차 시간 때문에 기다려야 하는 사람들의 인사이트를 면밀히 반영한 후 실행됐고 새로운 디지털 타임 테이블을 설치하고 불과 1개월 만에 4500여 명의 고객 증가폭을 보였다. 사람들은 맥도날드의 햄버거를 먹으면서 남은 시간을 즐겁게 보낼 수 있게 되었고 맥도날드는 자사 제품을 독특한 방법으로 어필함으로써 한층 새롭고 유쾌한 브랜드 이미지를 구축할 수 있었다.

소비자에게 먼저 기회를 제공하라
Mercedes Smart Unexpected test drive

러시아에서는 크고 비싼 차가 사회적 체면을 세워 준다는 인식 때문에 많은 사람이 대형 세단을 찾는다. 그래서 도시 친화적인 소형 스마트카에는 관심을 갖지 않는 분위기인 것 같다. 이러한 운전자들의 인식을 바꾸기 위해 운전자들이 스마트카를 직접 운전해 볼 수 있는 시승 기회를 만들었다. 바로 불법 주정차를 이용한 것.

모스크바에서는 불법 주정차를 할 경우 자동차를 견인하여 중심가에서 벗어난 장소로 견인한다. 차가 없어진 것을 안 운전자들은 당황스러워하며 화를 내기도 한다. 이때 불법 주정차 관리자가 운전자에게 스마트카 시승을 권유한다.

스마트카는 차폭과 길이가 짧아 도로에서 공간 활용이 상당히 뛰어나다. 도심에

서의 기동성은 스마트카의 가장 큰 장점이며 운전석 길이가 길어 일반 세단 못지
않게 실내 공간도 넓다. 차를 직접 제어하고 원초적으로 운전한다는 느낌이 강해
승차감 역시 좋은 편이다. 운전자들은 스마트카를 시승하면서 대부분 호감을 갖
게 된다. 또한 스마트카의 장점을 느끼고 이를 온라인에 공유하며 호감을 표현하
기도 했다. 'open your mind'라는 슬로건에 맞는 광고를 통해 운전자들이 자연
스럽게 스마트카에 마음을 열 수 있는 기회도 제공했다. 스마트카이기 때문에 안
전상 문제가 있다거나 작아서 승차감이 좋지 않을 것이라는 편견을 없애 준 광고
라고 할 수 있다. 실제로 스마트카는 분명한 목적과 쓰임이 정해진 차이기 때문
에 도심 주행용으로는 거의 단점이 없다. 이러한 제품의 장점을 상황과 적절하게
접목해 일단 마음을 열고 한번 타볼 것을 권했다는 점이 이 광고의 아이디어이자
성공 요인인 셈이다.

정말 웃은 만큼만 계산하면 돼?
PAY PER LAUGH

엄청나게 웃긴다고 해서 잔뜩 기대하고 본 코미디 영화에 실망했다면 돈 아깝다
는 생각이 먼저 들 것이다. 이럴 때 가장 합리적인 해결 방법은 '웃은 만큼 돈 내
는 것' 아닐까? 이런 생각이 스페인에서는 정말 실현되었다.

스페인은 2013년부터 공연료에 대한 세금을 8%에서 21%로 10~20% 가까이 인
상하기 시작했다. 세금이 높아지다 보니 공연 관객 수는 1년간 30%로 급격히 줄
어들었는데 사람들이 저렴한 텔레비전이나 영화로 여가 활동을 바꾸었기 때문이
다. 공연 관계자들은 관객 수를 회복하기 위해 티켓 가격을 내리는 등의 다양한 시
도를 했지만 한번 멀어진 시민들의 마음은 좀처럼 움직이지 않았다.

관객을 다시 끌어들이기 위해서 2014년 4월 바르셀로나의 Aquitània Theater라
는 스탠드업 코미디 쇼에서 의자 뒷면에 설치된 태블릿을 활용, 사람들의 웃음 횟

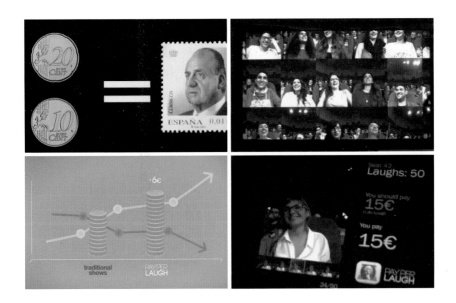

수를 합산해 가격을 책정했다. 안면인식기술을 이용한 서비스를 개발한 것이다. 한 번 웃을 때마다 0.38달러로 계산해 관객에 따라 요금을 다르게 받는다. 웃지 않으면 당연히 무료다. 하지만 너무 많이 웃을 걱정은 안 해도 된다. 왜냐하면, 상한가를 30달러로 정해 놓았기 때문이다. 이런 일이 가능하게 된 것은 '페이퍼래프(Pay Per Laugh)'라는 안면표정인식 애플리케이션 덕분이다. 이 기술을 이용하여 관객이 웃거나 미소를 짓는 횟수를 카운트하여 가격을 책정하고, 자신의 웃는 사진을 소셜 미디어에 공유할 수도 있다. Pay Per Laugh 도입 이후 관객 수는 35% 증가했으며 각 쇼당 수익은 4400유로에서 7200유로로 증가했다고 한다. 단순 수익의 증가뿐 아니라 즉각적인 데이터로 관객들의 반응을 알 수 있기 때문에 공연의 질을 높이는 데도 기여한 셈이다. 관객은 돈이 아깝지 않다는 생각이 들어 좋고, 극장은 본인들의 질 좋은 공연을 널리 알릴 수 있어서 좋은 일석이조의 효과를 본 경우다.

직관적 정보는 쉽다, 빠르다, 강하다!
Intermarché: The Freshest Orange Juice Brand

오렌지 주스류의 가공식품은 싱싱한 오렌지를 짜서 주스로 만든다고 해도 포장과 유통, 그리고 마트에 진열되기까지 시간이 걸리기 때문에, 신선도가 떨어질 수밖에 없다.

프랑스 유통 그룹 '인터마르셰(Intermarché)'는 매우 다양한 오렌지 주스 브랜드 중 가장 경쟁력 있는 브랜드로 인정받기 위해서는 신선도로 승부해야 한다는 것을 깨달았다. 그래서 마트에서 직접 오렌지 주스를 만들자는 생각을 했다.

마트에 설치된 기계로 주스를 짜고 그 주스를 짠 시간을 브랜드로 사용하기로 한 것이다.

마트에는 8:36이라는 브랜드의 주스가 비치되는 진열대가 마련되고 시간대별로 방금 짜낸 오렌지 주스가 진열된다. 오렌지 주스를 짠 뒤 주스를 만든 시간을 라벨로 부착한 것이다. 물론 같은 시간을 붙인 주스는 없고, 모든 주스는 만들어진 시간을 정확히 알 수 있다.

언젠가부터 우리나라에서도 우유의 유통기한뿐 아니라 제조 시간을 표기하기 시작했다. 소비자에게 세부 정보를 제공한 것이다. 유통기한만 찍혀 있다면 언제까지 보관이 가능한지만 알 수 있겠지만, 제조 날짜와 시간을 알면 신선도까지 파악하고 고를 수 있어 더욱 유리하다.

이러한 판매 방식은 요즘처럼 건강과 안전한 먹거리에 관심이 많은 시기에 상당히 효과적인 어필 방식이 될 수 있다. 소비자들은 매우 까다롭고 똑똑하기 때문에 이 브랜드의 가치를 알아볼 것이고 스마트한 소비자가 구매하는 브랜드라는 인식을 확산시키는 데도 큰 도움이 될 것이다.

A BRAND
WHOSE NAME IS
IN ITSELF A PROOF
OF ITS FRESHNESS.

Intermarché | Marcel WW
France | 2014

chapter 6
하고 싶은 이야기?
듣고 싶은 이야기!

스토리를 만드는 것이
전부가 아니다.

공감을 전할 수 있어야 한다
미소를 만들 수 있어야 한다

사람들의 삶 속에서!

1. 3D TEK

손으로 보는 졸업 앨범

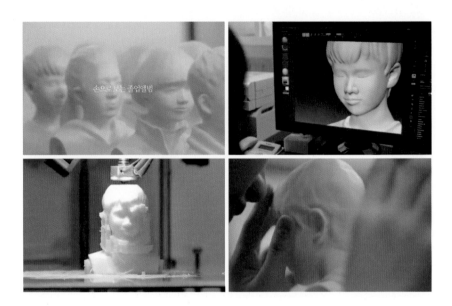

먼지 쌓인 졸업 앨범을 꺼내 보면 학창 시절의 추억에 시간 가는 줄 모를 때가 있다. 한참 옛날 사진을 보노라면 '나도 그땐 저랬지…' 하며 옛 생각이 되살아난다. 학창 시절의 추억이 고스란히 담긴 졸업 앨범, 그러나 졸업 앨범이 없는 친구들이 있다. 바로 시각장애인 학생들이다. 대부분의 시각장애인 학생들은 볼 수 없다는 이유로 졸업 앨범을 받지 않는다. 앨범을 보면서 추억을 떠올리고 싶은 마음은 다 같을 텐데 말이다. 아이들은 "나중에 함께 공부한 친구들 기억이 날 것 같아요?"라는 물음에 "시간이 많이 흐르면 아무래도 기억이 잘 나지 않을 것 같다.", "함께 공부한 벗인데 기억하고 싶다."라고 대답했다.

3D 프린팅 업체인 3D TEK과 Innocean Worldwide는 3D 프린팅 기술을 비즈니스뿐 아니라 사람들의 삶에 보탬이 되는 쪽으로 사용하고자 했다. 그래서 3D

프린팅 기술을 활용한 특별한 졸업 앨범을 제작하였다. 앞을 볼 수 없지만 시간이 흐른 후에도 친구들의 얼굴을 기억하고 옛 추억에 젖을 수 있는 특별한 졸업 앨범을 제작한 것이다.

2014년 2월, 서울맹아초등학교에서는 졸업생 아이들의 얼굴을 한 명씩 3D 스캐너로 촬영하고 3D 프린터로 출력했다. 출력된 앨범은 쇼케이스로 포장하여 아이들이 졸업하는 날 받아 볼 수 있도록 했다. 친구들의 얼굴은 아이들의 두 손 위에서 생생하게 되살아났다. 졸업식에 참석한 사람들은 손으로 만지는 앨범을 보고 큰 감명을 받았다. 이제 학생들은 졸업 후에도 친구들의 얼굴을 회상할 수 있다. 누군가에게 필요한 것이라면 대신 꼭 해 주는 것. 그것이 기술이 해야 할 일이다. 이로써 3D TEK는 사회공헌적인 캠페인뿐 아니라 새로운 비즈니스 모델을 가지게 되었다.

동심이 만든 변화
HOPE SOAP

장티푸스, 설사, 폐렴, 콜레라와 같은 질병들은 빈곤층 국가에서는 아직도 많은 아이들의 목숨을 앗아 가는 큰 병이다. 컨테이너가 줄지어 있는 한 마을, 남아프리카 공화국의 한 빈민촌. 보기에도 지저분한 이곳에 마구 버린 쓰레기들이 흩어져 있다. 한눈에도 이곳 아이들의 위생이 위협받고 있음을 알 수 있다. 흙을 만진 손으로 눈을 비비고 손을 입에 넣어 빨기도 한다. 질병에 무방비로 노출되어 있지만, 아이들은 손 씻기를 대수롭지 않게 여긴다. 손 씻기에 대한 교육의 부재와 질병에 경각심이 없기 때문이다.

그러던 어느 날, 아이들이 손 씻기에 열중하기 시작한다. 아무도 강요하지 않았는데 말이다. 과연 무엇이 아이들의 인식을 바꿨을까?

Safety Lab & Blikkiesdorp 4 Hope와 Y&R Cape Town은 재미있는 비누를 준

비했다. 바로 Hope Soap, 말 그대로 희망비누다. 도대체 어떤 비누이기에 아이들이 자발적으로 손을 씻게 된 걸까? 비결이라면 비누 속에 아이들이 좋아하는 장난감을 넣은 것이 전부다. 손 씻기를 자주 할수록 비누가 작아져 장난감을 가질 수 있게 되는 원리다. 장난감은 캐릭터 인형, 장난감 자동차 등 아주 다양하다. 정말 단순하지만 아이들의 반응은 폭발적이다. 손을 씻는 아이들 얼굴에 설렘이 한가득이다.

이 캠페인을 통해 질병 발생률이 70% 감소했고, 호흡기 질환도 75% 줄어들었다. 손 씻기 하나만으로 아이들의 생명을 구하는 데 큰 도움이 된 것이다. 동심을 파악한 아주 작은 아이디어 하나가 아이들의 건강과 환한 미소를 지킬 수 있는 원동력이 되었다.

이 캠페인은 2013 칸 국제광고제에서 Promo & Activation부문 은상 2개를 수상하였고, LIA 2013에서 금상 1개 그리고 은상 2개를 수상하였다.

3. 현대자동차

우주 비행사 아빠에게 보내는 감동 메시지
우주로 보내는 메시지

스테파니의 아빠는 국제 우주 정거장에서 일하는 우주 비행사다. 한번 우주로 떠나면 오랫동안 만날 수 없어 딸에게 아빠는 언제나 그리움의 대상이다. 매일 망원경으로 하늘을 올려다보며 아빠에 대한 그리움을 달래 보지만, 보고 싶은 마음을 채우기엔 부족할 수밖에 없다. 그래서 스테파니는 아빠를 위해 깜짝 이벤트를 준비했다. 사랑하는 아빠에게 마음을 담아 예쁜 손 글씨로 메시지를 적어 보내기로 한 것이다. 하지만 아빠와의 거리가 너무 멀어, 뭔가 특별한 해결책이 절실한 상황.

한국의 현대자동차 측이 특별한 계획을 세웠다. 미국 네바다 주(州)의 사막 '델라마 드라이 레이크(Delamar Dry Lake)'에서 총 11대의 제네시스를 주행해 거대한 타이어 트랙 이미지를 제작하면 아빠가 딸이 직접 쓴 것과 동일한 형태의 메시지를 우주에서 내려다볼 수 있다고 확신한 것이다.

결국 사막 위에는 뉴욕 센트럴 파크(Central Park)의 약 1.6배에 해당하는 엄청난 크기(5.55㎢)의 이미지가 완성되었고 우주 정거장이 특정 궤도를 지날 때 카메라를 통해 딸이 남긴 감격적인 메시지를 확인했다는 소식이 전해지자 사람들은 일제히 환호성을 터뜨렸다. 스테파니도 평생 잊지 못할 이벤트를 가슴에 담았을 것이다. 현대자동차의 이번 이벤트 내용을 담고 있는 유튜브 영상 'A Message to Space'는 2016년 10월 7일 기준 7000만번 이상 재생되는 등 엄청난 반향을 일으켰다. 이는 구글이 발표한 2015년 4월 전 세계 통산 가장 많이 재생된 유튜브 영상물이라는 결과를 낳으며 미국 3대 TV 방송사 NBC, ABC, CBS 등에서 800회 이상의 보도를 내보낼 만큼 큰 파장을 불러일으켰다.

4. Nivea

인형과 놀다 보면 저절로 배워요
Nivea Doll

칸 국제광고제를 비롯한 주요 국제광고제에서 수상하며 크리에이티브를 높이 평가받은 니베아 브라질(Nivea Brasil)이 화제를 낳았다. 여름철 바닷가에는 가족 단위로 물놀이를 즐기는 피서객들이 넘쳐난다. 삼삼오오 짝을 지어 해변을 찾은 사람들의 얼굴 표정은 더위는 이미 잊은 듯 하다. 그러나 한여름 해변에 내리쬐는 자외선은 경계 대상 1호. 강렬한 직사광선에 무방비로 노출될 경우 1시간 만에 피부 화상을 입을 정도라고 하니 보통 신경 쓰이는 것이 아니다. 어른들은 그나마 미리미리 자외선 차단제를 바르고 일광욕을 즐긴다지만, 제일 염려되는 대상은 아이들이다. 어린아이들은 자외선에 대한 경각심이 없기 때문에 어른이 챙겨 주지 않으면 스스로 차단제를 바르는 일이 드물다. 끈적거리거나 귀찮다는 이유로 기피하기 때문이다.

때마침 재미있는 아이디어 덕분에 이런 문제가 간단히 해결되었다.

니베아에서 아이들의 교육 효과와 함께 놀면서 자외선 차단제를 바르도록 유도하는 방법을 찾은 것이다. 아이들의 이목을 사로잡은 주인공은 '니베아돌'로 아이들을 빼닮은 인형이다. 특수 소재로 제작되어 햇볕에 노출되면 곧 빨갛게 변하는 이 인형 덕분에 아이들은 스스로 팔 다리 얼굴에 자외선 차단제를 바르는가 하면 엄마에게도 직접 발라 주는 적극성을 보인다.

귀여운 인형을 만들어 그 어떤 교육보다 효과적인 학습 효과를 얻어 낸 것이다. 동심을 들여다보고 적절하게 기획하고 출시한 노련함이 돋보이는 신선한 마케팅이다.

5. Under Armour
당신이 원하는 일에 집중하라
Under Armour I WILL WHAT I WANT

스스로 선택한 일로 좌절하거나 남의 말 한마디에 상처받은 일이 있는가?

그렇다면 2015 칸 국제광고제 사이버 카테고리에서 그랑프리를 수상한 이 광고를 감상하고 힘을 내자.

많은 이들이 지젤 번천(Gisele Bundchen)을 왕년의 슈퍼모델로만 기억한다. 그러나 이 광고에 모델로 등장해 기염을 토하는 그녀를 보면 '모델'이라는 관념적 수식어는 잠시 혼란을 일으키다가 자연스럽게 희석되어 가는 것을 느끼게 된다. 영상 속 그녀의 모습에서 더 이상 런웨이(runway)를 왕복하던 팔등신 미녀를 떠올릴 수 없기 때문이다. 서른 중반을 넘긴 브라질 출신의 이 여인은 지금 이미지 변신 중이다. 완벽한 복근과 강인한 인상에서 예전 꽃다운 슈퍼모델의 섹시함은 자취를 감추었다. 불끈 쥔 두 주먹과 다리로는 쉴 새 없이 샌드백을 몰아붙이며 당

TIME

Don't Call her "just a model"

Under Armour kicked off its new multi-million dollar women's campaign with an advertisement featuring ballerina Misty Copeland. The video of the American Ballet Theater soloist dancing, as a young girls' voice read a rejection letter to a dance program in the

장 격투기 대회에 도전장이라도 낼 기세다.

칸 국제광고제에서 인쇄 부문 다음으로 많은 출품작이 경합을 벌인 사이버 부문 그랑프리 수상작인 '언더아머(Under Armour)' 브랜드 캠페인 'I Will What I Want' 편이다.

트레이닝 룸에 모습을 나타낸 지젤 번천이 서서히 샌드백 타격 수위를 높여 간다. 그러자 벽면 이곳저곳에 트윗 멘션이 투사되어 나타난다. 실제 온라인상에 올라온 버즈를 그대로 보여 준 것이다.

방송 언론 매체도 그녀의 변신을 언급하기에 이르고 점차 "그저 모델일 뿐이라고 부르지 말라"는 여론이 우세해진다. 지젤 번천이 등장한 이 광고는 특히 여성들에게 큰 반향을 일으켰으며 500억 이상의 매체 노출, 3억 5천만 달러의 수익 발생과 28%의 브랜드 매출 상승이라는 대성공을 거둔다. 언더아머의 이번 캠페인 광고에서 전달하고자 했던 것은 말 그대로 '나는 하고 싶은, 원하는 일을 한다'는 메시지다. 주변 사람이 뭐라고 하든 신경 쓰지 않고 운동에 열중하는 모델에게서 사람들은 마법 같은 에너지를 느꼈을 것이다.

'여자애처럼'은 정말 멋진 일
Like A Girl

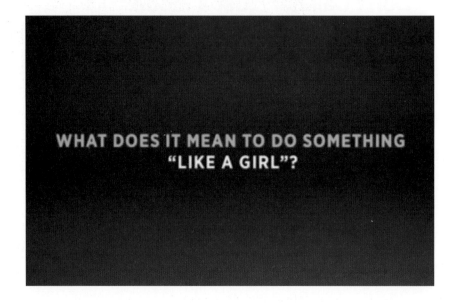

Like A Girl은 여성용품 관련 업체인 'Always'가 기획한 성 인식 개선 캠페인이
다. 흔히 조용한 성격의 남자아이에게 "여자애 같아"라고 말한다. 조금 더 마음에
안 들 땐 "계집아이처럼…"이란 표현을 써서 불만족을 표하고 더 강한 적극성을
보여 주길 주문하곤 한다. 그렇다면 "여자애같이"라는 말의 진짜 의미는 무엇이
며 왜 그런 말을 사용해 온 것일까?

광고 영상에는 여러 명의 청소년과 어린이가 출연한다. 먼저 남녀 청소년들에게
"여자아이처럼 뛰어 봐요.", "여자아이처럼 공을 던져 봐요."와 같은 요청을 하고
참여자의 태도를 관찰해 보니 소극적 제스처를 하거나 약한 척 흐느적거리며 분
명하지 못한 몸동작을 보인 후 어색한 듯 웃음을 짓는다.

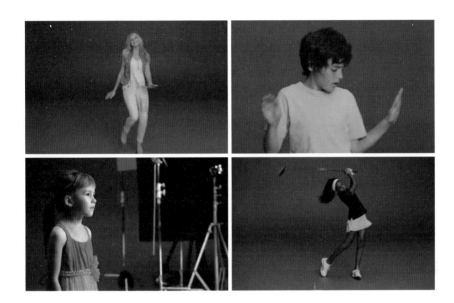

스스로 이런 행동이 진지하지 못하다고 여기는 것 같다. 다음은 어린이 그룹에게 동일한 요청을 해 본다. 그런데 이번엔 다른 양상을 보인다. 우선 표정이 진지하다. 청소년들보다 적극적이고 거침없는 태도로, 요청받은 상황을 최대한 의욕적으로 표현하려고 애쓰는 모습이 사뭇 차별되어 보인다. 여자 어린이에게 다시 물어보았다. "여자아이처럼 해보라"는 말을 들었을 때 기분이 어땠는지. '최선을 다하라는, 자신답게 하라'는 뜻으로 받아들여 그대로 행동에 옮겼다는 똑 부러지는 대답이 돌아온다.

청소년들은 어린이들보다 사회적 관념에 동화된 탓에 자신의 의지를 제대로 표현하지 못한 점을 털어놓으며 생각을 바꾸겠다고 말한다. 'Always'는 "상처받기 쉬운 10~12세 여자아이들에게 누군가가 여자애 같다는 모욕적인 말을 한다면 그들에게 어떤 영향을 미칠 것이라고 생각하나요?"라는 자막을 띄우며 "여자애같이"라는 말이, 대단히 특별하고 경이로운 것을 의미하는 것이 되도록 인식을 바꾸어 나가자는 메시지를 전한다.

몰래카메라, 감동을 선물하다
Hearing Hands

삼성전자는 청각 장애를 가진 안타까운 상황에 처한 이들에게 작은 희망을 주고자, 감동적인 캠페인을 준비했다. 캠페인명은 '히어링 핸즈(Hearing Hands)'로 청각 장애인을 위해 삼성전자 터키 지부에서 마련한 비디오 콜센터 프로젝트다. 청각 장애를 가진 터키 현지인 무하렘 야즈안 씨의 생활 동선에 몰래카메라를 설치하고 그가 이동하는 장소 곳곳에서 우연인 것처럼 작은 사건을 만들어 대화를 유도하도록 연출했다.

여느 날처럼 아침에 집을 나선 그에게 평소와 다른 일들이 일어나기 시작한다. 길에서 처음 만난 할아버지가 수화로 인사를 하고, 빵집 주인과 과일 노점상 아저씨가 간단한 대화를 역시 수화로 건네자, 아무것도 모르는 터키 청년은 적잖이 당황한다. 다음은 길을 걷다 살짝 몸이 스친 여성이 웃으며 먼저 미안하다는 손동작을 보낸다. 그것도 매우 친절하게. 대체 어떻게 된 거지? 택시를 타고 가는 중에도 이상한 일은 계속된다. 요금 계산까지 모두 수화로 진행되었기 때문이다. 마지막으로, 택시에서 내려 걷다가 마주친 미디어 폴(Media Poll) 영상에선 인사말과 함께 청년에게 전하는 설명이 줄곧 수화로 이어진다. 이윽고 감동한 나머지 울먹이는 청년.

히어링 핸즈(Hearing Hands) 캠페인은 프로모션과 PR 부문에서 동상 수상의 영예를 얻었으며, 몰래카메라 영상이 SNS에 공개된 후 폭발적 반응을 불러일으켰다. 소통하고자 하는 주변의 작은 노력이 낳은 감동적 스토리에 사람들이 주목한 것이다. 페이스북에서도 2백만 번 이상의 조회 수를 기록하였고 터키 민영 방송에 소개되어 사회적으로 커다란 관심을 모으는 계기가 됐다. 캠페인을 통해 말하고자 했던 메시지가 정확히 전달된 결과다. 장애 때문에 일상생활에서 겪는 불편함과 차별, 그리고 개선되지 않는 사회적 편견을 변화시키고자 노력한 사회 통합적 캠페인에 큰 박수를 보낸다.

성탄절의 추억을 떠올리다
Monty's Christmas

영국의 유명 백화점 존 루이스(John Lewis)는 최근 수년 간, 크리스마스 시즌을 겨냥한 아름다운 스토리의 광고를 발표하고 있다. 영상은 물론, 등장하는 주인공 꼬마 배우와 CG로 탄생한 동물 캐릭터가 친근하고 귀엽다. 이들이 친구처럼 이야기를 엮어 가는 과정을 감상하다 보면 자신도 모르는 사이에 그 옛날 어린 시절 크리스마스의 추억을 떠올리며 아름다운 꿈속으로 젖어들게 된다. 이 광고는 어린 소년 샘과 펭귄 몬티의 우정을 그린 이야기다.

영상을 보는 내내 이들에게 친숙한 교감이 형성되어 있음을 알 수 있고, 비록 말은 통하지 않더라도 절친 사이인 샘과 몬티의 행복한 일상에 미소 짓게 된다. 잔

잔하게 깔리는 배경음악이 분위기를 한껏 돋우는 가운데 서로의 우정은 더욱 깊어져만 간다.

어느 날 샘은 펭귄 몬티에게서 이상한 점을 발견하게 된다. 함께 TV를 보던 중, 영화 속에 다정한 연인이 등장하자, 뚫어져라 보며 화면에서 눈을 떼지 못하는가 하면, 우연히 공원 벤치에서 입 맞추는 커플을 보아도 뭔가에 홀린 듯 바라보느라 넋을 잃는다. 고개를 갸우뚱거리던 샘은 한 가지 생각을 떠올리게 되고, 때마침 다가온 크리스마스에 맞춰 몬티를 기쁘게 해 줄 특별한 선물을 준비한다. 펭귄 몬티가 받은 선물은 다름 아닌 귀여운 여자 펭귄! 말하지 않아도 서로의 마음을 알아주는 진정한 친구, 그리고 친구가 전해 준 소중한 선물의 의미를 생각하게 해 주는 한 편의 '명작'을 감상한 기분이다. 한 소년과 펭귄의 우정을 소재로, 크리스마스 선물의 의미를 따뜻한 스토리에 담아 프로모션한 이 광고는 웹 모바일, 인스토어를 연계하는 캠페인 사례로 주목받은 사례다.

아이스 버킷으로 하나 된 지구촌
The Ice Bucket Challenge

다른 사람의 아픔을 느끼고 고통을 함께 나누는 행위는 참으로 아름답다. 금전적인 지원을 아끼지 않는 것은 말할 것도 없고 안타까운 상황을 보고 마음과 뜻을 한데 모아 전함으로써 많은 사람들이 함께하고 있다는 것을 느끼게 해 준다면 위급한 상황에 처한 사람은 고맙고 힘이 될 것이다.

전 세계적으로 열풍을 일으킨 아이스 버킷 첼린지(Ice Bucket Challenge)가 그 대표적 예로 꼽힌다. 이 광고는 근육 위축 증상으로 인해 활동에 제한을 받고 결국 사망에 이른다는 루게릭병(amyotrophic lateral sclerosis) 환자에게 관심을 기울이고 사회적 인식 개선의 기회를 마련하자는 취지에서 제작되었다. 단 몇 초의 짧은 시간이겠지만, 심장이 멎을 것 같은 추위를 마다하지 않고 아픈 사람의 심정을 헤아려 주는 참여자들에게 경의를 표할 일이다.

광고 영상이 시작되고 얼마 지나지 않아 챌린지에 참여자로 나선 한 여성이 스스로 양동이에 가득한 얼음물을 뒤집어쓴 것을 시작으로 곧이어 두 주먹을 불끈 쥔 남성이 얼음물 세례를 받고, 일렬로 늘어선 여러 명이 거의 동시에 '얼음물 퍼포먼스'에 나서는 진풍경이 이어진다.

유명 연예인, 운동선수, 언론인 등 여론에 영향을 미칠 만한 사람들을 포함하여 나이, 직종, 성별과 국적을 초월한 전 세계인의 참여가 끝없이 이어져 간다.

세상에는 돈으로 채워지지 않는 숭고한 차원의 기부도 존재한다. 이런 일을 통해 병이 회복될 수는 없겠지만 조금이라도 고통을 나누고자 하는 전 세계 참여자들의 하나 된 마음이 힘겨워하는 환자들에게 전해지기를 기도해 본다.

Pat Quinn
ALS Ice Bucket Challenge Founder

Peter Frates
ALS Ice Bucket Challenge Founder

사람을 살린 행운의 물고기
Lucky Iron Fish

캄보디아는 전체 인구의 절반이 빈혈을 겪는다고 한다. 그런데 국민들의 건강에 심각한 문제가 발생했음에도 당장 대안을 제시하기는 쉽지 않아 보인다. 철분 보충만 하면 간단히 해결될 일이지만, 일반 국민들이 충분한 철분을 섭취하려면 너무 큰 비용이 들기 때문에 다른 방법을 찾아야 하는 상황.

특히 철분 부족을 겪는 어린이들의 비율이 높아 손을 쓰지 않을 경우, 성장해서도 합병증에 시달리는 등 국민 건강이 위협받게 될 수도 있다. 현실적 한계 상황을 이겨 내고 건강을 지킬 방법은 없을까?

이 문제에 대해 캐나다의 크리스토퍼 찰스 교수가 아이디어를 냈다.

철분 섭취를 위해 그가 생각한 방법은 말 그대로 '철 덩어리'를 먹는 것이었는데,

초기에는 작은 쇠뭉치를 사람들에게 나눠 주고 음식을 만들 때 함께 냄비에 넣어 끓이도록 했다. 그런데 주민들의 협조는 기대에 미치지 못했고 결국 실패하고 만다.

그래서 다시 고안한 방법이 '행운의 물고기(Lucky Iron F ish)'다.

캄보디아인이 물고기를 행운의 상징으로 여긴다는 정서적 특성을 고려해 이번에는 물고기 모양의 쇠뭉치를 제작해서 다시 배포했다. 결과는 다행히 성공!

물고기에 친숙한 정서 덕분에 반응이 좋았고 이 쇠뭉치를 냄비에 넣어 끓이는 적응 속도도 빨랐다. 12개월이 지난 후, 행운의 물고기를 사용한 사람들 중 절반 이상에게서 빈혈 증세가 사라졌다고 한다. 지역 원주민이 정말 원하는 것이 무엇인지를 파악했기에 가능했던 한 편의 휴먼 스토리였다.

발상의 전환이 주민 건강을 지키고 제품 생산 원가 절감을 가능하게 했음은 물론, 평범한 공익 캠페인 이상의 의미를 만들었다.

11. Huggies

함께할 수 있어서 더욱 행복한 순간
Huggies Moment Cam

강아지나 고양이를 키워 본 사람들은 이런 생각을 할 때가 있다. 동물의 눈에는 주인인 내가 어떻게 비칠까? 그만큼 아끼고 사랑하기 때문에 가져 보는 마음일 것이다. 그 대상이 눈에 넣어도 안 아플 나의 아기라면 어떨까.

출산 후 아기를 키우며 새로운 삶을 살아가는 세상의 모든 엄마들에게 아기는 신비로움 그 자체다. 하지만 육아는 현실. 초보 엄마들에게 육아는 고난의 연속, 그런 엄마들에게 가장 행복한 순간은 언제일까? 엄마를 바라보고 활짝 웃어 주는 우리 아이, 처음으로 '엄마'라고 불러 주는 그 모습, 어렵게 첫 걸음마를 뗐을 때. 그런 작고 작은 순간들이 지친 육아에도 엄마들의 마음을 스르륵 녹여 버리는 가장 행복한 순간이다.

하지만 그 순간들은 아쉽게도 엄마의 눈과 추억 속에만 간직해야 하는 경우가 많았고, 가장 행복한 순간들이 시간이 지남에 따라 잊힐 수밖에 없었다. 하기스는 'Mom and Baby happy journey'라는 브랜드 철학 아래 엄마들의 그 아쉬운 마음을 보듬어 줄 따뜻한 생각을 해 냈다.

모멘트 캠(Moment Cam)이라 이름 붙인 양방향 카메라를 고안해 엄마가 기억 속에만 담아 두었던 아이와의 소중한 순간들을 영상으로 담아낼 수 있었고, 눈앞에서 순식간에 지나가 버려 영상으로 담아내지 못한 순간들은 모멘트 캠의 과거를 살려 주는 기능[모멘트 캠의 전원 버튼을 짧게 누르면 총 4분(과거 2분, 미래 2분)의 시간을 녹화해 주는 기능]으로 다시 아름다운 추억이 되어 영상으로 담아낼 수 있었다. 지나간 과거를 살려 주는 기능 외에도 모멘트 캠의 특별한 점은 엄마가 바라보는 아기의 모습뿐 아니라 아기가 바라보는 엄마의 모습을 담아 주는 기능이다.

"내 아기가 바라보는 엄마의 모습은 어떨까?" 영상 속에서는 귀여운 아기의 모습뿐 아니라 아기를 바라보며 세상에서 가장 행복하게 웃고 있는 엄마들의 모습이 담겼다.

이윽고 아기와의 일거수일투족이 고스란히 담긴 촬영 영상을 공개하기로 한 날. 공개 현장에서 함께 영상을 본 엄마뿐 아니라 관계 스텝들 대부분은 감동을 경험했고 눈물을 흘렸다. 엄마들은 귀엽게 미소 짓는 아기의 얼굴이 나올 때면 아기들에게 보여 주는 평소 모습처럼 활짝 웃었지만, 아기의 시선에서 바라본 엄마의 모습이 스크린에 나타날 때면 '내가 아기를 볼 때면 저렇게 행복한 표정을 짓는구나' 하는 생각에 가슴이 먹먹해진 표정이었다.

아직 말을 못하는 아기의 마음이 조금이나마 엄마에게 전해진 것일까.

영상을 모두 본 후 엄마들은 다시금 세상의 전부와도 같은 사랑하는 나의 아기를 품에 안으며 따스한 모정을 다짐했다. 하기스의 브랜드 철학인 'Mom and Baby happy journey'의 마음이 고객들에게 진심으로 전해질 수 있는 큰 계기가 되었다.

12. FIFTY FIFTY
극장에서 경험한 길거리의 추위
Frozen Cinema

중국 속담에 이런 말이 있다. "내게 말해 보라. 그러면 잊어버릴 것이다! 내게 보여 주라. 그러면 기억할지도 모른다! 나를 참여시켜라. 그러면 이해할 것이다!" 이처럼 사람은 보고 듣는 것보다 자신이 직접 체험한 것에 더욱 깊이 공감하고 이해한다.

그래서 최근의 브랜드들은 단순한 광고나 홍보를 넘어 브랜드를 직접 체험하는 형태의 이벤트들을 기획하고 진행하려고 노력한다.

독일의 비영리 단체인 FIFTY FIFTY는 노숙자들의 현실을 홍보하기 위해 영화관을 이용해 바이럴 마케팅을 기획했다. 영화관을 찾은 관객들은 상황을 전혀 알 수 없다. 영화관 안은 노숙자들이 겨울에 체험하는 온도를 경험할 수 있도록 점점 추워진다. 관객들이 기온이 떨어지는 상황에 의아해하며 좌석에 비치된 담요를 찾을 무렵, 노숙자들의 인터뷰를 보여 준다.

관객들이 사용한 담요에는 QR 코드가 새겨져 있어 모바일로 스캔하여 FIFTY FIFTY의 모바일 사이트에 접속하면 기부 참여가 가능하도록 했다. 아무리 광고를 하고 설득해도 보는 당사자들이 공감할 수 없다면 무용지물이다.

진심으로 느끼면 의도가 명확하게 전해질 것이라는 생각이 적중한 프로모션이다. 간접적이지만 추운 겨울에 노숙자들의 생활을 그대로 느끼고 경험하게 하여 기부의 필요성을 느낄 수 있게 하였다. 체험은 사람들에게 논리적인 이유로 어필하기보다도 스토리텔링으로 자연스럽게 감동을 유도하여 기부를 이끌어 내는 데 도움을 준다.

13. AFRICAN ANGEL

나의 행동이 변화시키는 다른 이의 삶!
AFRICAN ANGEL Donate with Immediate Effect

세계 어린이의 날에 독일의 뒤셀도르프라는 도시에서 벌어진 기부 프로모션이다. 아프리카의 한 마을에 어린이가 서 있는 큰 사진이 있다. 사진 속 아이는 황량한 길 한가운데에서 황망한 표정을 짓고 있는 것처럼 보인다. 주변 사람들은 아이의 삶에 관심이 없어 보인다. 아이는 주변의 아무런 도움도 받지 못한 채 가만히 서 있을 뿐이다.

이 사진은 아이의 삶 전체를 대변하고 있다. 아이는 교육받기 어려운 환경에서 자라고 있다. 그런데 이것은 그냥 사진이 아니고 즉석 복권처럼 동전으로 사진을 긁으면 그 뒤로 다른 사진이 나타난다. 사람들은 지갑에서 동전을 꺼내서 직접 긁고 그 동전은 모금함에 넣게 된다. 다 긁고 난 후엔 거리에 서 있던 아이가 교실에 서 있는 모습의 사진이 된다. 아이는 웃음을 띤 얼굴을 하고 있다. 교육이 한 아이의 삶을 크게 변화시킨다는 것을 보여 주는 내용이다.

"네가 불쌍해서 도와주는 것이 아니라 네가 이 나라의 미래이기 때문에 도와주는 것이란다." 봉사 활동 중 안젤리나 졸리가 한 아이에게 했던 인상적인 말이 생각난다.

그렇다. 아이들은 그 나라의 미래이기 때문에 아이들의 교육을 위한 기부는 계속되어야 한다. 동전을 긁고 나면 그것은 모금액으로 적립된다. 즉, 모금액으로 교실을 지어 주게 되는데 Immediate Effect란 타이틀처럼 사람들이 자신의 기부 효과를 직간접적으로 알 수 있도록 한 것이다.

어린이의 날에 이러한 프로모션이 이루어졌다는 사실은 의미하는 바가 크다. 더욱이 같은 어린이 입장에서 어려움에 처한 다른 나라의 친구들을 도왔다는 점이 아름다운 스토리로 다가온다.

14. ETERNA CADENCIA

기다려 주지 않는 책
The Book That Can't Wait

상상 속 공간에서만 존재할 것 같은 마법의 책이 현실화됐다. Eterna Cadencia 라는 아르헨티나의 독립 출판사에서 특별한 책을 출판했다. 이 책은 글자가 저절로 사라져 화제를 모았다.

일명 '기다려 주지 않는 책(The Book That Can't Wait)'은 부에노스아이레스의 소규모 출판업체 '이터나 카덴시아(Eterna Cadencia)'에서 개발했다. 햇빛과 공기에 접촉했을 때 사라지는 잉크를 개발하여 책으로 만든 것이다. 이 책은 플라스틱 소재의 봉투에 밀봉되어 있으며 책을 구입한 소비자는 약 60일 안에 독서를 끝내야 한다. 책을 처음 열고 2~4개월이 지나면 책 속의 모든 글씨들이 사라지기 때문이다.

책을 사기만 하고 읽지 않는 소비자의 습관을 방지하기 위해 만들었다고 한다. 초판은 매진되었으며, 그 후에도 수천 부의 추가 발행 요청이 있었다고 한다.

이 책은 수많은 미디어 매체에 소개되어 책읽기에 대한 중요성을 대중들에게 전달할 수 있었다고 한다.

책을 개발한 출판업체 관계자는 "독자가 책을 사고 읽을 때까지 책은 몇 날, 몇 달 또는 몇 년을 기다린다. 책을 사 놓고 읽지 않는 것이 책에게는 별 상관 없는 일일 수 있지만, 작가에게는 그렇지 않다."면서 "책을 구입하고 관심을 주지 않는다면, 책도 우리를 기다려 주지 않을 것"이라고 설명했다. 오늘날 책은 점차 사라질지도 모르는 미디어로 예견되고 있다. 종이책의 미래가 불투명해짐에 따라 전자책이 대두되고 작가들이 이러한 상황에서 창작 활동에만 집중하기 어려운 상황임을 감안할 때, 기발한 아이디어가 출판시장에 활력소가 될 수 있기를 기대해 본다.

재소자들이 기부를 한다고?
Searching for Hearts

암 환자를 돕기 위한 기금을 마련하기란 쉽지 않다. 사람들은 암 환자를 돕는 일에 큰 관심이 없으며 또한 어떻게 도와줘야 할지 몰라 실천으로 옮기지 못한다. 그래서 재소자들을 통한 캠페인을 진행해 보기로 했다. 감옥에서 복무 중인 재소자들을 선출해 그들에게 암에 걸린 환자의 동영상을 보여 주었다. 그리고 며칠 동안 캔에 모금을 하도록 했다.

일반적으로 재소자를 보는 사회 인식은 부정적이다. 사람들은 재소자들을 두려워하며, 이들이 범죄를 짓기 전의 모습에 관심이 없다. 또한 재소자들이 따뜻한 마음을 가졌다거나 기부를 할 것이라는 기대를 하지 못한다.

그러나 결과는 놀라웠다. 재소자들은 많은 기부금과 선물로 응답했다. 52개의 캔은 꽉 찼고, 382개의 직접 만든 물건들, 223개의 희망이 담긴 편지들이 모였다. 이들은 자신들이 가진 재능과 설득의 힘을 발휘하여 기부금과 선물을 마련한 것이다.

랩을 할 줄 아는 재소자는 랩을 통해 이 일이 얼마나 의미 있는지를 말했으며, 다른 재소자나 간부들에게까지 동참하도록 설득했다. 이 캠페인은 미디어를 통해 널리 퍼졌으며 사람들은 재소자들이 암환자들을 위해 한 행동에 크게 감명받고 기부에 동참할 의사를 밝혔다. 정말 놀랍지 않은가? 이 캠페인은 재소자들에 대한 사람들의 고정관념을 뒤집어 성공을 이끌어 냈다.

16. STARBUCKS

일회용 컵으로 나무를 만들다
STARBUCKS Make a Difference. Take The Pledge.

스타벅스는 종이컵 대신 지속적으로 사용할 수 있는 머그컵으로 바꿔 주는 캠페인을 진행했다. 캠페인을 진행한 하루 만에 수천 명의 뉴욕 시민들이 종이컵을 머그컵으로 바꾸어 갔다. 시민들은 캠페인이 벌어지는 장소에 스타벅스 커피가 담긴 종이컵을 바닥에 세운다. 종이컵은 점점 큰 그림을 그린다. 한 사람이 놓은 종이컵은 나무 한 그루를 의미하는 것으로, 나무들이 모여 커다란 나무 그림이 만들어졌다.

'종이컵 나무'는 일회용 종이컵을 사용하지 않을 때 지킬 수 있는 숲을 의미한다. 이 캠페인은 스타벅스가 제공한 텀블러를 사용하는 것이 환경에 얼마나 이로운 것인지를 홍보하는 차원이었으며 스타벅스의 적극적인 환경 개선 의지를 체감할 수 있게 해 준 캠페인이다.

지금은 일시적 시장 효과만을 노린 상술이 외면받는 세상이다. 기업이 진정성을 바탕으로 공익 차원의 실천 의지를 보이지 않을 경우, 이에 민감하게 반응하는 소비자가 참여 주체로 관여할 수 있음을 말해 주는 대목이다. 하나둘씩 모인 종이컵이 어느덧 모든 이의 마음에서 거목으로 성장한 것처럼 사회와 자연환경에 이익을 주는 다양한 캠페인이 활성화되기를 기대해 본다.

한 번의 터치로 살리는 생명
Singapore Red Cross Rapid Rescue Mobile Application

심장마비가 일어났을 때 인간의 뇌가 기능하는 최대 시간은 4분. 앰뷸런스가 도착하기까지는 8분. 이처럼 응급 사태 발생 시 가장 핵심적인 것은 효과적으로 대처 가능한 제한된 시간이다. 응급 사태 발생 시 사람들은 어떠한 조치를 취해야 하는지 잘 알지 못한다. 그래서 우왕좌왕하며 시간을 흘려 보내고, 골든타임을 놓치게 된다. 이렇게 중요한 시간을 흘려 보내지 않기 위한 테크놀로지 기반의 시간 확보 방법은 없을까?

스마트폰 앱을 활용한 "Rapid Rescue" 캠페인의 핵심 역시 시간 단축이다. 단 한 번의 손가락 터치로 응급처치가 필요한 환자와 응급처치 교육 이수자를 즉각 연

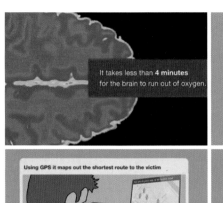

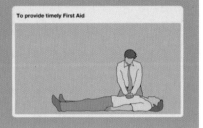

결하는 모바일 앱. 그야말로 "인간을 널리 이롭게 하는" 디지털 테크놀로지다. 영상은 "Rapid Rescue" 앱 실행 시 주변 사람에게 알림이 전달되고, 누구든 심폐 소생술을 할 수 있는 사람이 사고 발생 위치로 올 수 있게 되어 있다. 이 사람은 앰 뷸런스가 도착하기 전까지 심폐 소생술을 실시하여 뇌사에 빠질 위험률을 줄이는 역할을 한다. 휴머니즘에 뿌리를 둔 광고는 감성을 자극한다. 정부의 어떤 정책보다도 파급력이 클 수밖에 없다. 또 테크놀로지를 이용해 발전된 솔루션을 제시하는 캠페인은 그 어떤 공익 광고보다 설득력있다. 이 캠페인은 2012 부산국제광고 제에서 grand prix를 수상했다. 이 앱을 이용한다면 심장마비로 인해 응급 상황을 맞은 환자들의 사망 확률은 급격히 줄어들 것이다.

동전으로 구하는 바다표범
People for Animals

극지방에서는 인간의 탐욕 때문에 죽어가는 바다표범이 셀 수 없이 많다. 사냥꾼들은 어미를 죽이고 새끼까지 유인해 포획할 만큼 잔인하다. 과거에는 지금보다 훨씬 더 남획이 잦았지만 사람들은 그것이 환경과 생태계를 파괴한다는 것을 알지 못했다. 하지만 지금은 과거와 상황이 달라졌다. 동물 포획이 생태계를 파괴한다는 인식이 확산되었기 때문이다. 안타까운 것은 이를 막기 위한 실질적인 모금 활동이 부족하다는 사실이다. 사람들이 기부에 참여하도록 설득할 아이디어가 필요한 시점이다. 기부 행위를 재미있고 유익한 경험으로 바꾸면 희망이 있지 않을까.

환경보호단체인 NOAH는, 사람들이 사냥꾼으로부터 바다표범을 구했다고 느낄 수 있는 방법을 한 가지 생각해 냈다.

통행이 많은 길거리에 옥외광고판이 설치된다. 광고판은 사람들의 시선을 끌 수 있도록 LED 전구가 달려 있고 행동 지침이 적혀 있는데 동전을 던져 바다표범 사냥꾼을 맞추기만 하면 된다. 사람들은 지나다니다가 광고판을 보고 동전을 꺼내 사냥꾼을 향해 던진다. 많은 동전이 사냥꾼 사진 위에 꽂히게 되면 사냥꾼의 행동을 저지해서 바다표범을 지켜 줄 수 있는 것이다.

동전을 던지는 단순한 행동이지만 옳은 일에 동참했다는 뿌듯함이 따라온다. NOAH는 이러한 일뿐 아니라 다양한 크리에이티브, 아트 광고를 제작, 환경보호에 일조하고 있다.

몰리의 하루를 따라간 카메라
학교 급식으로 되찾은 한 소녀의 꿈

케냐의 수도 나이로비에 위치한 마싸레(Mathare) 슬럼가는 세계에서 가장 빈곤한 지역 중 하나다. 흙바닥 위에 판잣집이 늘어선 이곳에 50만 명이 넘는 사람들이 힘겨운 삶을 살아가고 있다. 위생 환경도 좋지 않아 10가구가 화장실 한 개를 같이 사용할 정도다. 식수를 포함한 먹거리 사정도 열악해 여자아이들은 학교를 포기하고 가족이 먹을 식량을 구하러 다닌다.

이 영상의 주인공 몰리(Molly)도 마싸레 슬럼가에 사는 13세의 여학생이다. 몰리는 비록 가난하지만 공부와 친구를 좋아하며, 간호사나 수녀가 되어 자신처럼 가난으로 고통받는 사람들을 돕겠다는 멋진 꿈을 가졌다.

유엔세계식량계획 WFP는 취약 지역 학교에 급식을 제공하여 몰리 같은 안타까운 처지에 있는 꿈나무들에게 희망을 나누어 주고 있다. WFP의 활동으로, 몰리도 학교 급식을 통해 영양가 높은 비스킷과 균형 잡힌 식사를 제공받으며 학업에 더욱 열중할 수 있게 되었다.

WFP의 학교 급식 프로그램은 빈곤 지역 학생들의 학교 출석률을 높일 뿐만 아니라, 저녁 끼니를 걱정하지 않고 수업에 집중할 수 있도록 지원한다.

이러한 노력은 빈곤 지역의 기아, 가난, 그리고 어린이 노동 착취의 악순환을 끊을 대안이다.

우리가 미래 세대를 위해 줄 수 있는 가장 큰 선물은 배고픈 아이를 위한 한 끼 식사다. '지금 바로 후원을 통해 WFP의 급식 프로그램에 참여해 주세요'라는 문구와 함께 영상이 끝나게 된다.

20. ANAR

아이들 눈에만 보이는 광고
Incredible Child Abuse Advert Hidden From Adults

세계적으로 아동 학대는 논란의 대상이다. 해결책은 무엇일까. 아이들은 어른들과 달리 폭력에 노출될 경우 어떻게 도움을 요청해야 하는지에 대한 배경지식이 없고 방법을 알고 있어도 실행률이 떨어진다.

한 광고가 이런 문제의 해결책을 제시했다. 스페인의 아동 학대 방지 단체 아날(ANAR)이 제작한 광고판은 보는 높이에 따라 이미지가 달리 보인다.

신장 170cm 이상의 어른에게는 평범한 소년의 얼굴과 함께 "폭력은 아이들에게

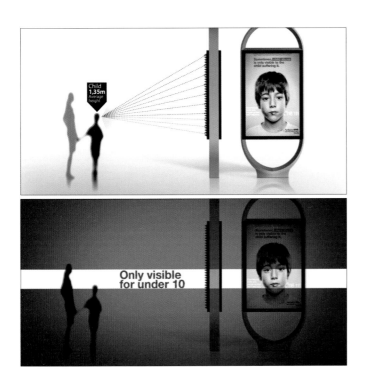

큰 고통이 됩니다"라는 문구가 보인다. 하지만 아이의 눈높이에선 얼굴에 피멍이 든 소년이 보이며 "누군가 당신을 해치려 한다면 전화하세요, 도와 드리겠습니다"라는 문구와 연락처가 등장한다. 일반적으로 아동 학대의 가해자는 가까운 사람, 심지어는 아이들의 부모일 때가 많다. 피해 어린이가 가해자와 함께 있어 도움 요청이 어려운 경우를 고려해 아이들의 시선으로만 확인할 수 있는, 오직 아이들을 위한 광고를 제작한 것이다.

또한 아동 학대를 바라보는 어른과 아이의 관점이 다를 수 있다는 점을 상징적으로 표현한 것이기도 하다. 이 광고는 지난 2013년에 제작, 공개됐지만 최근 국내외 SNS와 온라인 커뮤니티 등을 통해 다시 한번 화제를 모으고 있다.

ANAR:

the international nonprofit

Aid to Children and Adolescents at Risk

감사의 마음을 전하는 ATM
Sometimes You Just Want to Say Thank You

고마운 사람에게 마음을 표현하기 위한 가장 효과적인 방법이 무엇일까 고민해 본 일이 있는가? 좋아하는 물건이나 취미, 가치관, 가족관계 등 그가 가치 있게 여기는 부분들을 배려하여 전한다면, 큰 기쁨을 줄 수 있다. 캐나다의 TD 은행은 그런 부분들을 세심하게 고려한 프로모션을 진행했다.

TD 은행은 특별한 ATM을 제작해 미리 선정한 고객들에게 그 기계를 사용하도록 했다. 이 ATM은 2명의 사람이 들어가서 ATM 앞에 서 있는 사람과 인터랙티브하게 대화를 나누고 소통할 수 있는 구조로 만들어졌다.

한 할머니가 자신의 정보를 이미 알고 있는 ATM과 대화를 나누게 되었다. 이 특별한 ATM은 앞에 선 '고객'과 관련된 이야기를 자연스럽게 이끌어 냈고 잘 아는 사이인 듯 대화가 이어진다. 딸이 암에 걸려 최근에 수술했다고 이야기한 할머니는 딸을 방문할 수 있는 티켓을 선물로 받았다. 두 아이의 엄마는 아이들의 교육비와 함께 디즈니랜드에 갈 수 있는 티켓을 받았다. Blue Jays의 팬인 고객은 야구 모자와 맞춤 셔츠, 글러브를 받았으며 Blue Jays의 경기에서 시구를 하고 기념 사진을 찍는 서프라이즈를 경험하기까지 한다.

TD Bank | Diamond Integrated Marketing, Leo Burnett
Canada | 2014

쉿, 제 얘기를 들어 주세요
Heineken Quiet Please

US 오픈(US Open Tennis Championships)의 메이저 스폰서인 하이네켄은 테니스 경기가 심판이 관중을 조용하게 만든 후 진행된다는 점에 착안하여 한 가지 프로모션을 계획했다. 뉴욕 스퀘어에 심판 의자를 세워 두고 시끄러운 주변을 조용히 만드는 사람에게 두 장의 US 오픈티켓을 선물로 약속한 것이다.

많은 사람이 도전했지만 실패했다. 사람들은 굳이 조용히 할 필요성을 느끼지 못했고, 앞에서 뭐라 말하든 시끄럽게 떠들거나 악기를 연주했다.

마침내 환한 미소를 띤 한 여성이 마이크를 잡았다. 그녀는 친절하지만 상기된 얼굴로 자신에게 가까이 와 달라고 청했고, 사람들은 그녀의 진실된 이야기에 주목하기 시작했다. 정적이 흐르고, 호기심 어린 눈으로 쳐다보는 군중 앞에서 그녀는 남자 친구에게 "나와 결혼해 줄래요?"라며 청혼했다. 또다시 잠시 동안 침묵이 흐르자, 그녀의 의자 옆 상자 뚜껑이 열리면서 US 오픈티켓이 선물로 전달되었다. 그녀가 남자 친구의 승낙을 받았는지 영상에 나오진 않았지만, US 오픈티켓을 받고 함께 기뻐하는 모습을 보면 짐작이 된다.

한 개인의 삶에서 중요한 순간, 모두에게 관심을 가져 달라고 청함으로써 사람들의 마음을 움직일 수 있었다. US 오픈티켓을 받을 만한 아름다운 순간이었다.

23. Canon

Canon-No One Sees It Like You

전 세계 70억 명의 사람들은 각자의 상황 속에서 살아간다. 아름다운 광경을 보고 있는 사람이 있는 반면, 가족과 이별하는 아픔을 겪는 사람도 있다. 나라와 장소에 따라 다른 삶을 사는 것이다. 당신의 눈에 비친 세상은 어떠한가?

Canon은 사람의 눈동자에 비친 삶을 표현하여 'No one sees it like you'라는 메시지를 전하고 싶었다.

사람의 나이, 인종, 사는 지역에 따라 다른 눈 모양과 홍채의 색채가 인상적인 이 광고는, 자사 제품에 대한 직접적인 홍보보다는 사람의 눈과 인생에 대한 통찰을 담고 있다. 눈동자에 비친 세상을 통해 두려움과 기쁨, 아기를 처음 만나는 할머니의 감동을 처음부터 끝까지 '눈'만을 통해 담담하게 보여 준다.

Canon은 눈의 홍채와 카메라 조리개 사이의 유사성에 주목했다. 카메라에 대한 직접적 언급은 자제하는 대신, 사람의 눈처럼 자사의 카메라로 자신 주변의 이야기를 담아내라고 빗대어 말한다.

전 세계 인류는 서로 공감할 수 있는 삶을 살지만, 또한 자신만이 이야기할 수 있는 독특한 삶을 눈에 담고 살아가지만, 적어도 당신이 살고 있는 삶의 모습만큼은, 오롯이 당신만의 것이다. 같은 곳에 있어도 제각각 느끼고 바라보는 것이 다르듯, Canon은 삶에 대한 자신만의 독특한 시선을 눈(혹은 카메라)을 통해 담아내고, 표현할 수 있다고 말한다.

Canon | Leo Burnett
Australia | 2014

특별한 방식의 기부를 통해 참여자들이 나눔의 따뜻함을 느끼도록 한
독일의 비영리 사회단체의 기부 캠페인
MISEREOR Social Swipe

'The Social Swipe'는 도움이 필요한 빈곤층 아이들이 많다는 점과 쉽게 참여할 수 있는 기부 방법을 접목해 직관적으로 표현한 캠페인이다. 디지털 스크린을 활용한 이 캠페인은 지나가던 사람이 스크린 한가운데를 신용카드로 긁으면 즉시 2유로가 결제된다. 그리고 결제한 기부금이 어떻게 사용되는지 바로 스크린으로 띄워 준다.

기부가 좋은 일임은 알고 있지만, 선뜻 나서기 쉽지 않은 것이 사실인데 이 캠페인은 이러한 어려운 소재를 대상으로 평소 우리가 사용하는 카드 결제에 접목해 손쉬운 기부의 장을 마련했다. 카드를 긁으면 빵이 잘리면서 누군가에게 빵이 전

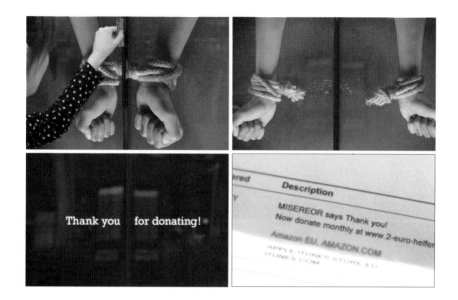

달되는 모습이 나타나고 손을 묶은 밧줄을 카드로 긁으면 끈이 풀리는 영상이 스크린에 나타난다. 이와 함께, 캠페인 참여자의 카드 명세서에는 2유로가 누군가에게 기부됐다는 정보와 정기 후원이 가능하다는 메시지가 전달되며 장기적인 기부를 독려한다.

이 캠페인은 우리가 평소 익숙하게 사용하는 신용카드와 스크린을 통해 기부자가 직접 기부금 사용 여부를 확인할 수 있는 캠페인을 구축해 손쉬운 참여를 독려했다. 'The Social Swipe' 캠페인은 사용자에게 쉬운 참여 경험을 전달해 기부에 대한 시각을 바꿨으며 인터랙션이 어떤 영향을 미칠 수 있는지 보여 주었기에 더욱 재미있는 사례다.

좋은 캠페인을 구축하기 위해서는 기술 발전이 요구되듯 문제 해결을 위한 접근방식 또한 매우 중요하다는 사실을 확인시켜 주었다.

2014년 칸 국제광고제에서 5개 부문(Outdoor, Medis, Direct, Promo & Activation)에서 수상하였다.

25. FATH

장기 기증 캠페인을 가슴 뭉클한 스토리텔링으로 풀어 낸
아르헨티나 캠페인 광고
Fundacion Argentina de Transplante Hepatico
"The Man and the Dog"

홀로 지내는 노인에게는 강아지가 소중한 벗이자 동반자 같은 존재다. 모든 생활 면면에서 노인과 강아지의 두터운 정이 묻어난다. 그러던 어느 날 노인은 건강 악화로 쓰러져 응급실로 이송되었고 강아지는 노인이 실려 가는 구급차를 뒤쫓아 가 병원 앞에서 며칠이고 주인이 나오기만을 기다린다. 그렇게 며칠이 지났을까, 학수고대 하던 노인은 모습을 보이지 않고 낯선 여인이 휠체어를 타고 나타났다. 숨지기 전 노인은 자신의 장기를 기증했고 다른 여성의 생명을 구할 수 있었던 것이다. 강아지는 자신의 주인이 아님에도 여성에게서 주인의 체취를 느꼈던 것일까, 금방 여성에게로 달려가 반갑게 안긴다.

노인과 언제나 그를 따르던 강아지의 이별은 가슴 아픈 일이지만 다른 누군가를

통해 다시 만날 수 있게 해 주는 것이 장기 기증이라는 점을 가슴 뭉클한 스토리 텔링으로 담아낸 아르헨티나의 캠페인이다. 언제나 함께하던 노인과 강아지의 이별과 재회 스토리는 장기 기증이 제공자와 기증받는 두 사람의 삶을 연결하는 의미 있고 고귀한 행동이라는 메시지를 잘 담아냈다.

장기 기증의 숭고한 의미와 가치를 설득력 있게 표현한 독창적 아이디어로 2012년 New York Festival 디자인 부문 금상 수상, 2012년 원쇼 광고제 디자인 부문 금상을 수상했다.

FATH:
Fundacion Argentina de Transplante Hepatico

동물들에게 저작권을 돌려주다
Animal Copyrights - WWF Advert 2015

하나, 둘, 셋, 찰칵! 사진 속 원숭이는 호기심 가득한 눈으로 사진기를 보며 웃는 듯 보인다. 누가 원숭이를 찍어 준 것일까, 아님 원숭이가 직접 셀카를?

영국의 동물 사진작가인 데이빗 슬레이터는 2011년에 인도네시아의 술라웨시 섬에서 검정 짧은 꼬리 원숭이에게 한 시간가량 사진기를 빼앗겼다. 그때 원숭이가 찍은 수백 장의 사진 중에서 몇 장이 아주 예쁘게(!) 찍혔고, 그 사진들은 즉시 인터넷에서 큰 인기를 끌었다.

문제는 위키미디어 커먼즈에서 위 사진을 누구나 자유롭게 무료로 사용하도록 올렸다는 것이다. 이에 사진작가가 자신의 저작권이 침해되었다는 생각에, 저작권 소송을 냈으나 미국 법원은 위키미디어의 손을 들어 줬다. 사진작가나 원숭이 둘 다 저작권을 가지지 못하므로 위키미디어가 사진을 삭제하지 않아도 된다는 것이었다.

Animal Copyrights 캠페인은 이 판결을 계기로 '동물들이 찍은 사진은 동물들에게 저작권을 돌려주자'라는 생각을 갖게 되었다. 세계야생동물기금협회(WWF)와 전 세계적으로 올라오는 사진 작품을 관리하는 이미지 뱅크인 LatinStock 두 단체가 협력하였고, 이들은 야생동물들에게 작은 카메라를 달아 주었다. 독수리, 말, 늑대, 바다거북 등 다양한 동물들이 카메라를 달고 돌아다니며 촬영된 장면들은 경이로웠다. 평소 사진작가의 접근이 어려운 지역까지도 이들은 쉽게 갈 수 있었기 때문이다.

그렇게 수집한 사진들은 편집 과정을 거쳐 LatinStock에 올려졌고, 사진을 판매한 수익금은 야생동물을 돌보는 데 쓰였다. 사람들은 동물을 사랑하는 마음을 그들이 찍은 사진들을 구매하여 표현할 수 있게 되었다. 위 캠페인은 2015 칸 국제광고제에서 동상 2개를 수상했다.

chapter 7

놀랍거나
새롭거나

새로운 테크놀로지가
즐거움도,
놀라움도 만든다.

방향은 하나다.
사람을 향한다.

1. adidas

세상에 단 하나뿐인 특별한 사인

아디다스 디지털 인터랙티브 캠페인

아디다스는 스포츠 브랜드답게 스포츠 스타를 통한 다수의 캠페인을 펼쳐 왔다. 스포츠 스타의 사인회도 많이 열렸다. 일반적인 사인회의 모습은 어떠한가? 사람들이 줄을 길게 서서 옷이나, 공, 신발, 또는 자신의 소지품에 스타의 사인을 받는 게 보통이다. 때로는 악수나 포옹을 하기도 한다. 그러는 동안에 스포츠 스타는 한자리에서 지칠 정도로 사인을 해 주고 악수를 하면서 반복되는 행동에 지치게 된다.

아디다스는 이러한 사인회를 좀 더 특별하게 바꿔 보고 싶었다.

"어떻게 하면 평범한 사인회에서 벗어날 수 있을까?" 아디다스는 스포츠 스타가 드리블하고 점프하여 슛하는 공의 움직임 자체가 사인이 될 수 있도록 방법을 강구하기 시작했다. 정말 멋지지 않은가?

드와이트 하워드(Dwight Howard)가 마닐라(Manila)에서 아디다스와 함께 이전에 볼 수 없었던 무언가를 만들어 낸다! 농구 스타와 운이 좋은 팬이 코트에서 1대1 농구 대결을 펼치고 그 과정에서 나온 공의 움직임이 사인으로 만들어지는 것이다.

공의 움직임에 따라 컴퓨터 프로그램에 궤적이 입력되고 출력되어 팬들은 자신이 좋아하는 농구 스타의 각기 다른 사인이 그려진 티셔츠를 받을 수 있게 되었다. 세상에 단 하나뿐인 농구 스타의 사인을 받은 팬들에게는 평생 잊지 못할 기억이 될 것이다. 2014년 스파이크 아시아 광고제에서 Direct 부문 은상, Promo & Activation 부문 은상을 수상했다.

adidas | TBWA
Singapore | 2013

2. Pizza Hut

피자 상자가 빔 프로젝터로 변신을?
Pizza Hut Blockbuster Box

편리하게 주문, 배달시킬 수 있는 피자는 일상에서 빼놓을 수 없는 친숙한 메뉴가 되었다. 보통 음식을 주문하면 따라오는 사은품 같은 것이 있지만 대부분 그저 그런 것이라서 오히려 귀찮을 때가 많다. 맛있는 피자 한 판의 즐거움은 기본, 여기에 재미있는 영화 감상이 보너스로 제공된다면?

글로벌 광고 에이전시인 '오길비&매더 그룹 홍콩(Ogilvy&Mather Group HK)'은 최근 매우 기발한 피자 포장 박스를 선보여 화제를 모았다.

이름하여 피자헛 '블록버스터 박스(Blockbuster Box)'. 이 박스는 상자 자체가 빔 프로젝터로 변신 가능하도록 설계되었다.

박스의 외형은 평범한 포장 상자처럼 보이지만 약간만 조작하면 영화를 볼 수 있는 간이 빔 프로젝터로 탈바꿈하기 때문에 피자를 먹으면서 색다른 재미를 덤으로 누릴 수 있다.

박스에 인쇄된 QR 코드를 스캔하면 피자헛에서 제공하는 SF, 멜로, 액션, 공포 영화 중 원하는 장르 1편을 선택해 감상할 수 있다고 하니 맛있는 피자보다 더한 감동이 아닐 수 없다. 피자를 먹으면서 영화를 즐기고 싶어 하는 소비자 인사이트에 주목하여 피자 상자에 스마트폰을 넣으면 프로젝터로 활용할 수 있는 특별한 아이디어를 내놓은 것이다.

배달된 피자에 따라오는 또 하나의 즐거움, 소비자 입장에서는 더없는 행복이 아닐 수 없다. 블록버스터 박스 프로모션은 서비스 지역을 확대할 예정인 것으로 알려져 긍정적 반응도 확산될 것으로 기대된다.

특별한 일상이 가득한 펩시의 버스 정류소
Unbelievable Bus Shelter

일반 공공장소나 디스플레이에서 눈을 의심케 하는 돌발 상황을 연출하여 신선한 경험과 브랜드 각인 효과를 높이는 이른바 OOH(Out of Home) 마케팅에 대한 반응이 뜨겁다. 대중교통 환승 장소, 엘리베이터 등 공공장소에 설치된 디지털 사이니지를 통해, 불특정 다수에게 노출 가능한, 보다 색다른 마케팅이 증가 추세에 있으며 단순 광고를 넘어 증강현실이 추가되어 흥미를 더한다.

펩시콜라는 자사가 기획한 '언빌리버블(Unbelievable) 캠페인'의 일환으로 버스 정류소 광고 프레임 디스플레이에 증강현실 장치를 추가, 몬스터, UFO, 로봇 등 비현실적 요소가 합성된 영상을 선보여 특별한 즐거움을 선사하고 있다. 버스를 기다리던 여성이 무심코 쉘터 디스플레이를 쳐다보다 움찔 놀란다. 어디선가 큰 운석이 날아와 굉음을 내며 쉘터 바로 앞 보도블록에 박힌 것.

곧 그래픽 영상임을 알아채고 웃긴 했지만, 잠시나마 놀랄 수밖에 없는 상황이다. 땅속에서 솟아오른 문어발이 단숨에 행인을 감아올리는가 하면, 뭔가 부실한(?) 로봇이 나타나 레이저를 발사하기도 한다. "어떻게 한 거지?"

쉘터 디스플레이를 이리저리 살펴보는 사람들의 표정에서 소소한 즐거움이 묻어난다. 뛰어난 몰입감 덕분에 이번 펩시 '언빌리버블' 캠페인도 빛을 발하게 됐다. 앞으로 캠페인 성격에 걸맞은 한층 더 기발한 비주얼 퍼포먼스가 소비자들에게 활력과 즐거움을 선사하게 되기를 기대하자.

4. 코카콜라

코카콜라가 페어플레이를 응원합니다
Fair Play Machines

AC밀란과 인터밀란. 이 세계적인 축구 강호 두 팀이 등장하는 광고가 있다.
코카콜라의 프로모션 'Coca-Cola Fair Play Machines - Share The Derby'.
워낙 주목받는 라이벌 관계라, 두 팀이 함께 출연한 것만으로도 축구 팬들의 관심
이 쏠렸고 엄청난 마케팅 프로모션 효과가 기대되는 상황.

경기가 있는 날, 경기를 하는 날만큼은 친구나 가족 관계라 해도 응원하는 양쪽
으로 나뉘어 대적하는 분위기가 고조된다고 하니 양 팀을 둘러싼 승부욕이 어느
정도인지 짐작이 간다.

경기장의 각 팀 응원석 진입로에는 특수 제작된 자동판매기가 설치되었다.
판매기 중앙에 있는 'SHARE'라고 찍힌 버튼을 누르면 콜라가 나오는데, 상대편
에 있는 자동판매기를 통해 나오도록 설계되어 있다. 즉 AC밀란 서포터즈 누군가
가 판매기 버튼을 누르면 인터밀란 쪽으로 콜라가 전달되는 원리다.

무심코 버튼을 누른 한 남자, 그런데 엉뚱하게 상대편 쪽 서포터즈가 콜라를 집는
모습이 모니터에 잡히자, 못마땅한 듯 보였지만 어쨌든 콜라를 받은 사람은 감사
표시를 하고 사라진다. 기계 작동 원리를 이해한 사람들은 어느덧 서로 버튼을 눌
러 상대편에게 콜라를 건네고 모니터를 통해 응원전을 펼친다.

그런데 전혀 적대적인 분위기가 아니다. 축구를 사랑하는 서로의 입장을 이해하
고 깨끗한 플레이를 보여 주자며 의기투합하는 모습을 연출하기에 이른 것.

별난 자동판매기가 양쪽 팀의 신사적인 응원 문화를 이끌어 내는 원동력 구실을
해 주고 있다는 확신이 들 즈음, 벌써 양쪽 자동판매기의 콜라가 모두 동이 나고
말았다. "FAIR PLAY WINS", '항상 응원합니다'라는 카피로 마무리되는 영상을
보며 정정당당한 승부에 대하여 다시 한번 생각해 보게 된다. 첨예한 승부의 세계
에서도 통하는 감성 마케팅의 힘을 보여 준 사례다.

Coca-Cola | McCann
Italy | 2014

첨단 비디오 아트가 스포츠를 만났을 때
NIKE 'House of Mamba'

연이어 멋진 캠페인을 선보이며 화제를 낳고 있는 스포츠 브랜드 나이키가 이번 광고 캠페인의 주인공이다.

나이키는 디지털 미디어 전문 에이전시 AKQA와 함께 보기 드문 대형 스케일의 퍼포먼스를 기획해 또 한번 브랜드 마니아들의 탄성을 자아냈다.

전설의 농구 스타 '코비 브라이언트'의 별명 '블랙 맘바'에서 아이디어를 얻어 'House of Mamba'로 명명한 코트에서 펼쳐진 이 퍼포먼스는 단순한 스포츠 트레이닝 행사 이상의 흥미를 제공했다. 스포츠와 디지털 비디오 아트가 만나 멋진 시뮬레이션을 연출했기 때문이다. 특히 이 행사는 NIKE BASKETBALL의 모델이기도 한 코비 브라이언트가 국제 농구 페스티벌에 참가할 선수를 선발하는 RISE Tour 프로젝트 성격으로 진행되어 더 의미가 있었다.

행사가 열린 농구 코트는 바닥 전체에 모션 트래킹 디지털 센서와 LED 디스플레이를 장착하였으며 플레이어의 움직임을 따라 LED visualization 시스템이 반응하도록 세팅되었다. 다채로운 그래픽 사인과 시그널이 변화무쌍한 디지털 영상으로 처리되면서 선수들의 동작 하나하나가 그래픽 효과와 결합된 것 같은 이미지를 창출해 낸다. 관중들은 선수들의 기술뿐 아니라 스크린을 통해 마치 게임 영상을 보는 듯한 특별한 재미를 맛에 푹 빠질 수 있었다.

6. British Airways

첨단 기술력이 만든 마술 같은 광고
Lookup in Piccadilly Circus

영국 피카디리 서커스에 설치된 British Airways의 인터랙티브 디지털 빌보드 광고를 보던 사람들은 순간 놀라며 신기해한다. 빌보드 광고 영상 속의 어린이가 걸어가며 손으로 가리키는 것이 실제로 하늘을 날아가는 항공기였기 때문이다. 아장아장 걸어가며 비행기를 가리키는 모습이 매우 귀여워서일까, 길 가던 사람들의 시선이 광고에 집중된다.

광고판에는 실시간으로 지나가는 항공기의 목적지와 항공편을 알려 주는 메시지도 나타나지만 항공사 웹사이트 주소가 함께 노출되어 홈페이지 방문자 수를 7만 5천여 명 선까지 끌어올렸다고 한다. 어떻게 만들었을까?

위치 기반 시스템 기술을 활용하여 제작한 이 광고는 GPS의 도움을 받아 근처를 비행하는 항공기의 정보를 공유, 빌보드에 나타나도록 한 것인데, 옥외광고판이 설치된 곳으로부터 200km 내로 비행기가 접근하게 되면 아이가 손으로 가리키며 따라가는 영상이 작동하도록 프로그램되었다. 옥외 빌보드 광고 매체는 기본적으로 높은 주목률을 가지지만 이에 최첨단 테크놀로지를 연동시킴으로써 한 차원 높은 마술 같은 캠페인 광고가 탄생할 수 있었던 것이다.

프로모션 실시 후 유튜브 클릭 조회 수 100만 건, 항공사 웹사이트 방문자 수가 75,000명 이상 증가하는 결과를 낳았다. 최상의 매체와 기술력을 융합시킨 성공적 프로모션이 이룬 쾌거가 아니겠는가.

7. MURAT PARIS

경험하는 것보다 더 좋을 순 없다
MURAT PARIS QR code innovation

값비싼 액세서리를 살 때 사진만 보고 구매하는 경우는 드물다. 매장에 가서 직접 선택해야겠지만 현재 매장에 없는 물건은 확인할 수 없다는 단점이 있다.

MURAT PARIS라는 주얼리 브랜드는 이러한 불편을 해소하는 동시에 잡지광고와 스마트폰을 결합한 인터랙티브한 프로모션을 시도해 화제다.

지면에 주얼리가 잘 어울리는 매력적인 모델의 상반신 사진이 실려 있다. 그냥 봐서는 일반 잡지 광고와 다를 게 없어 보인다. 다른 점이 있다면, 여성의 손목 부분에 네모난 칸이 그려져 있다는 것. 지면 하단의 QR 코드를 스마트폰으로 스캔한 후 네모 칸 위에 올려놓으면, 스마트폰에 모델의 손목이 나타나 다양한 종류의 팔찌와 반지를 착용해 볼 수 있다. 스마트폰 화면을 드래그하여 원하는 반지나 팔찌로 바꾸고, 손으로 누르면 마음에 드는 주얼리의 세부 정보, 가격 확인도 가능하다.

또한 현 위치에서 가장 가까운 MURAT PARIS 매장을 안내하는 기능이 있어 기존의 광고보다 월등한 정보 제공성이 돋보인다.

매력적인 모델이 시장 판도를 좌우하던 시대는 지났다. 소비자들은 좀 더 주도적으로 브랜드를 즐기고 경험하길 원한다. 기업 역시 그러한 기대에 부응하여 브랜드 가치를 소비자와 공유하는 방향으로 변해야 한다. MURAT PARIS의 광고는 이러한 변화에 맞춰 잡지와 최신 미디어인 스마트폰을 새로운 방법으로 결합한 혁신을 시도했다고 평가된다.

8. NIKE

제품과의 교감을 원한다면 체험하라!
CONVERSE SHOES The Canvas Experiment

새 신발의 이미지를 떠올려 보라고 한다면, 깔끔한 진열대 위에 가지런히 놓인 신발이 생각난다. 운동화를 신고 뛰는 유명 선수나 정장 차림의 모델이 새 구두를 신은 모습을 떠올릴지도 모른다.

보통 광고에서는 신발을 신었을 때 모델과 어떻게 매칭되는지에 초점을 맞춘다. 그러나 Converse의 The Canvas Experiment 프로모션은 좀 달랐다.

Converse는 그들의 클래식 모델인 척 테일러 올스타를 활용하여 5×4m 크기의 캔버스를 제작하였고, 신발 자체가 보여 주는 즐거움으로 사람들의 시선을 끌었다.

한쪽 면은 푸른색, 다른 면은 붉은색, 앞부분은 흰색으로 제작한 500여 개의 신발을 같은 방향으로 진열하여 180도 회전하도록 만들었다. 이 신발들은 음악, 사람의 움직임, 비디오 게임 등 다양한 자극에 반응하여 각각 독립적으로 움직인다. 기타나 드럼의 연주에 맞춰 신발의 각도를 틀어 푸른색과 붉은색, 흰색 등의 음파로 표현하였다. 또 웹캠과 연결하면 동작에 맞춰 다양한 각도로 움직일 수 있다. 각각의 신발들이 마치 물결이 출렁이듯 움직이며 그래픽적 이미지를 표현하는 모습이 이채롭기까지 하다.

이 광경을 보여 준 Converse 매장은 50% 정도 매출이 상승했다고 한다.

Converse의 클래식 모델과 첨단 기술이 결합하여 만들어 낸 신선하고 재미있는 브랜드 경험이었다.

9. Pepsi

스마트폰만 있으면 펩시가 공짜
Pepsi like machine

마트에서 쇼핑하다 판촉용 음식을 시식해 본 사람이라면, 시식한 제품을 구입해도 그것이 지속적인 브랜드 경험으로 이어지기는 어렵다고 생각할 것이다.

기업 역시 시식한 사람들의 정보나 제품 선호도 같은 자세한 사항은 알 수 없었다. 펩시는 이러한 문제들을 간단하게 해결한 무료 펩시 자판기 프로모션을 벨기에에서 진행했다.

먼저 자판기 앞에 선 사람이 스마트폰으로 펩시 페이스북에 들어가 '좋아요'를 누르면, 일반 펩시와 펩시 max 중 선호하는 것을 선택하는 것이 가능하고 만약 펩시를 고른 사람에게는 콜라가 무료로 제공되었다. 스마트폰이 없는 사람도 자판기에서 바로 페이스북에 접속하면 '좋아요'를 누를 수 있도록 했다. 판촉용 펩시를 나눠 주면서 동시에 소비자들의 펩시 선호도와 페이스북 정보를 수집할 수 있는 시도였는데 수많은 사람들이 펩시의 페이스북 계정에 '좋아요'를 누르고 펩시도 받아 갔다. 적합한 장소에 프로모션 자판기를 설치하여 보다 더 유쾌하게 펩시를 즐길 수 있도록 한 것이다. 판촉용 제품만 나눠 주는 일회성 행사가 아니라, 소비자의 의지로 페이스북 계정의 '좋아요'를 눌러 브랜드와 지속적으로 소통하도록 한 점이 포인트!

10. Heart & Sole Sdn. Bhd.
구두를 사면 남자가 따라온다?
Shoe Dating

마음에 드는 이성을 찾기 위해 소개팅이나 미팅을 하고, 선을 보는 것은 이제 고전적 방법이다. 그리고 이런 방법은 지인을 통한 주선이기 때문에 부담이 따른다. 이성 간의 편안한 만남을 원하는 이들을 위한 프로모션이 지난 2012년 말레이시아에서 전개됐다. 바로 구두를 통해 데이트 기회를 얻는 Shoe Dating이다.

"한 켤레의 구두를 사면, 무료로 남자를 얻을 수 있다"는 다소 자극적인 카피를 걸고 진행된 이 프로모션에서는 여성이 원하는 구두를 사면, 같은 구두를 선택한 남성과 연결되어 데이트 기회를 제공받게 된다.

남성은 데이팅 사이트 Lunch Actually에 가입하고, 자신의 여자 친구에게 어울릴 만한 구두를 고른다. 또 여성에게 줄 구두의 할인율(최소 10%)을 정해야 하는데, 할인율을 많이 잡을수록 다른 경쟁자들보다 유리하기 때문에 더 적극성을 보인다.

실제 데이트를 통해 서로 마음에 들면, 남성은 여성에게 구두 할인 티켓을 전하게 되고 이런 과정을 거쳐 많은 남녀 커플이 탄생했다.

이 프로모션은, 신선한 시도라며 지지하는 반응과 부도덕을 우려하는 반응으로 양분되었다. 프로모션 내용을 살펴보면 크게 문제될 것은 없지만, 노골적인 성적 표현이 합당한가에 대해서는 의견이 분분한 상황. 새로운 커플들의 탄생을 생각한다면 적극 장려할 프로모션이 아니겠는가.

사람의 감성을 지닌 세심한 자판기
Bye Bye Red Eye

피곤할 때면 커피가 생각난다. 할 일은 많은데 졸음이 밀려오거나, 전날 야근으로 잠이 부족할 때도 아침에 커피를 찾는다.

Douwe Egberts라는 커피 브랜드는 남아프리카공화국의 OR탐보 국제공항에서 비행기를 기다리다가 피곤에 지친 사람들이 커피를 마실 수 있도록 자판기 프로모션을 진행했다.

공항은 여행을 하는 사람들에게는 설렘과 피곤함이 공존하는 장소다. 경유 시간이 길수록, 오랜 비행으로 이미 지친 탑승객들은 졸거나 멍하니 앉아 다음 탑승 시간을 기다린다.

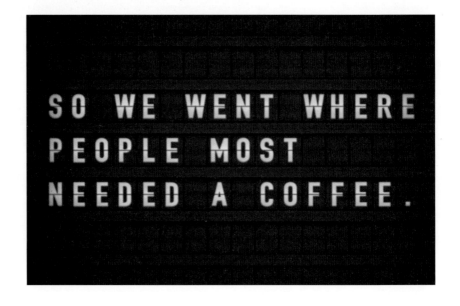

이때 탑승객 중 한 명이 커피 자판기를 발견하고 이리저리 둘러보지만 동전이나 지폐를 넣을 곳을 찾지 못한다. 이 자판기는 앞에 있는 사람의 하품하는 얼굴을 인식해 커피를 무료로 제공하는 특별한 구조이기 때문이다. 처음에는 의아한 듯 보던 사람들이 커피가 나오자 환한 미소를 지으며 받아 갔다.

컨디션까지 챙겨 주는 훈훈한 자판기에 사람들도 즐거운 표정이다. 이 프로모션은 210명의 하품을 끌어냈으며, 국내외 기사를 포함 SNS를 타고 세상 사람들에게 알려졌다.

사람들에게 커피 한 잔의 서비스는 그리 어려운 일이 아니다. 그러나 커피가 필요한 사람들에게 진심 어린 배려를 담아 따뜻한 커피를 제공했다는 점이 마음을 움직인다.

12. Nescafe

소셜 미디어는 아이디어의 원천
Cover Photo Display

커피는 전 세계적으로 사랑받는 기호 식품이다. 도넛이나 케이크와 함께 먹을 때면 커피 특유의 향은 식감을 더해 준다. Nescafe는 사람들이 편하게 사용하는 페이스북을 통해 손쉽고 재미있는 방식으로 신제품을 출시하기로 했다.

제품을 소개하는 방법은 간단하다. 그들은 먼저 커다란 유리 수조를 준비하였다. 그 안에 Nescafe의 신제품을 넣고, 나머지 빈 공간을 커피콩으로 가득 채운다. 그리고 커피콩으로 가득 찬 유리 수조 사진을 페이스북 커버 사진으로 올렸다.

팬들이 Nescafe 페이스북 페이지의 '좋아요'를 많이 누를수록, 커피콩이 점점 줄어들면서 그 속에 숨겨진 신제품이 모습을 드러내게 된다. 호기심을 느낀 사람들이 가세해 '좋아요'를 눌렀고, 22시간 후에는 신제품이 완전히 모습을 드러냈다. 단순하지만 흥미로운 방식으로 신제품을 발표하는 과정에 사람들의 참여가 큰 몫을 담당했다.

페이스북의 특성을 감안, 자사의 제품을 효과적으로 홍보한 프로모션이었다. 이처럼 소셜 미디어는 소비자층과 기업이 효과적으로 소통할 수 있게 해 주는 중요한 채널이다. 기업은 소셜 미디어를 통해 적극적으로 브랜드 가치를 알리고, 홍보하는 일에 소비자가 스스로 참여할 수 있도록 기회를 확대해야 할 것이다.

13. 코카콜라

행복을 충전해 주는 회사
Happiness Refill

청소년 시기에는 친구들과의 연대감이 삶의 행복을 좌우하기 때문에 소셜 미디어를 통해 서로 소통하고 공유할 기회가 많다. 친구가 그들 세상의 전부인 것 같은 시기를 지나는 것이다. 친구들끼리 만든 채팅방에서 비밀을 공유하고 고민을 털어놓으며 성장 과정을 거치기도 한다.

브라질의 코카콜라는 이러한 십대들의 사정을 고려하여 스마트폰 데이터를 무료로 리필해 주는 프로모션을 진행했다.

마치 탄산음료 디스펜서같이 생긴 붉은 기계가 있다. 스마트폰을 손에 쥐고 이 기계의 손잡이 부분을 밀면, 콜라 대신 무료 데이터 20MB가 충전된다. 이 디지털 디스펜서를 처음 접한 십대들은 갸우뚱하며 조심스럽게 손잡이를 밀고 핸드폰 화면을 바라보다가, 이내 환한 미소를 짓는다.

그들의 스마트폰 화면에 콜라가 채워지는 모습이 나타나면서 20MB가 충전되기 때문이다. 덕분에 데이터를 다 쓴 청소년들이 코카콜라 전용 모바일 브라우저로 이전처럼 페이스북 등의 소셜 미디어를 사용하여 친구들과 소통할 수 있었다. 브라질은 우리나라와는 다르게 무료 와이파이 존이 많지 않기 때문에 데이터가 부족한 많은 청소년들이 환영할 만한 프로모션이었다.

코카콜라는 십대 고객들의 니즈를 파악하고, 거기에 맞춰 무료 데이터를 제공하여 즐거운 브랜드 경험을 하게 해 주었다. 또한 콜라를 리필하듯이 데이터를 충전한다는 개념 또한 신선했다. 이 프로모션은 2012년 칸 국제광고제 동상을 수상했다.

인쇄 매체와 애플리케이션의 만남
Lexus ES Print AD in Motion

보통 잡지에 실린 자동차는 역동적으로 주행하기보다 고급스럽게 정차한 모습이다. 대부분 정적인 모습이 고급스러움을 잘 표현한다고 생각하는 것 같다.

그런 면에서 미국의 스포츠 전문 잡지인 ≪Sports Illustrated≫에 실린 Lexus의 2013 ES 광고는 독특하다. 마치 영상을 보듯 지면 위의 자동차가 달리는 모습을 보여 주기 때문이다.

잡지에 실린 Lexus ES는 일반적인 자동차 광고처럼 넓은 공터에 서 있다. 특별할 것 없는 모습이다. 그런데 아이패드에 Lexus 홈페이지 영상을 띄워서 지면 아래에 넣고 터치하면, 카운트다운이 시작되면서 마치 광고가 움직이는 듯한 모습이 나타난다. 음악에 맞춰 빛이 비치면서 차를 훑고 지나간다. 번개가 치고 이내 구름이 몰려와 어두워지면서 차에 그림자를 드리운다. 헤드라이트를 켠 차의 가장자리와 건물을 빛이 감싸고 돈다.

차는 곧 화려한 도시의 밤거리를 질주하기 시작한다. 영상 속 건물과 바다, 벽면이 아름답게 변화하다가 차가 멈추고, 화면은 점차 처음 시작할 때의 고요한 모습으로 돌아간다.

인쇄 매체와 아이패드라는 최신 기기를 결합하여 둘 중 하나만으로는 보여 줄 수 없는 새로운 효과를 시도한 점이 돋보인다.

15. Scandinavian Airlines
사랑할 수밖에 없는 항공사
Couple Up to Buckle Up

휴가철에는 '열심히 일한 당신, 떠나라'라는 광고 카피가 생각난다. 아프거나 힘들어도 쉬지 못하는 직장인들은 사랑하는 사람과 함께 여행지에서 휴가를 즐기고 싶은 마음이 간절할 수밖에 없다.

손꼽아 휴가를 기다리며 꼼꼼히 여행 계획을 세운다. 어디서 무엇을 먹고 숙소는 어디로 정할지 등 대부분의 커플이 함께 여행 계획을 세운다.

스칸디나비아 항공은 커플들의 이러한 여행 계획 과정을 염두에 두고 'Couple Up to Buckle Up'이라는 캠페인을 내놓았다. 스칸디나비아 항공은 먼저 10만 명의 멤버들에게 이메일을 보냈다. 이메일에는 캠페인에 대한 간단한 설명과 함께 2개의 QR 코드가 있었다. 커플이 스마트폰으로 동시에 이 QR 코드를 스캔하면 영상이 시작된다. 파리의 에펠탑을 배경으로 한쪽 스마트폰엔 남성이, 다른 한쪽 스마트폰엔 여성이 서로를 바라보다가 키스하는 장면이 나온다. 이후 두 스마트폰에 다음 유럽 여행 예약에 사용할 수 있는 할인 쿠폰 번호가 뜬다. 여기서 주목할 점은, 반드시 두 스마트폰을 함께 두고 보아야 할인 쿠폰의 번호를 확인할 수 있었다는 것이다.

이 캠페인은 큰 성공을 거두었고, 모든 표가 매진되었다. 그들은 커플들의 여행을 따뜻한 시선으로 관찰하였고, 그들이 함께 참여해야만 가능한 방식으로 할인 쿠폰을 보냈다. 사랑하는 커플을 대상으로 한 캠페인이었기에 사람들의 공감을 이끌어 내기에 충분했다.

16. Volkswagen

타 보지 않고 이해한다고? 애플리케이션의 진화
Volkswagen Print Ad Test Drive

인쇄 매체를 통해 자동차 광고를 하는 경우, 차의 사양이나 디자인에 대한 정보를 얻을 수 있을진 몰라도 직접 기능을 체험할 수는 없다. 광고 면에 적혀 있는 카피를 통해 기능과 품질을 유추할 뿐이다.

노르웨이의 Volkswagen 역시 광고로 혁신을 설명하기에는 한계를 느꼈다. 그래서 그들은 소비자들이 인쇄 매체와 아이폰 앱을 이용해 증강현실 기술이 적용된 광고를 직접 체험하도록 했다. 제대로 된 체험을 위해서는 먼저 아이폰으로 앱을 다운받아야 한다. 그 후 아이폰으로 도로 위를 비추면 화면에 차가 나타나는데, 이 차를 drive 상태로 놓고 광고면 위의 도로를 움직이며 총 3가지 기능을 테스트할 수 있다. Lane Assist, Adaptive Lights, Adaptive Cruise Control이 그것이다. 차선 이탈 방지 시스템인 Lane Assist 모드는 차가 길 가장자리에 가까워지면 핸드폰의 진동으로 알려 준다.

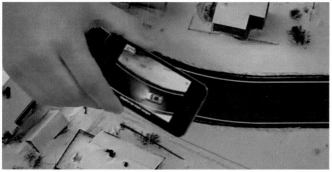

Therefore, we created an app
for readers to download

so they could try it out for
themselves

Adaptive Lights는 차의 헤드라이트가 도로의 커브에 맞춰 움직이는 기능이다.
마지막으로 Adaptive Cruise Control은 앞차와의 안전거리를 유지하도록 해 주
는 기능이다. 소비자들이 이 앱을 통해 마치 게임하듯 Volkswagen의 주요 기능
을 체험할 수 있어 타 보지 않고도 이해가 가능하다.

증강현실 기술 덕분에 가능한 혁신적 방법이었다. 인쇄 매체를 이용한 인터랙티
브한 광고가 점점 더 늘어나는 추세에 맞춘 이 광고는 2011년 칸 국제광고제 2개
부문에서 수상했다.

17. Mercedes-Benz

테크놀로지, IMC의 영역을 넓히다
Key to Viano Campaign

베를린 시민들은 종종 차를 주차해 놓고 대중교통을 이용하기 때문에 항상 자동차 키를 가지고 다닌다. 이런 교통 문화를 고려하여 Mercedes-Benz에서 재미있는 캠페인을 벌였는데, 바로 Key to Viano이다.

캠페인을 진행된 프리드리히슈트라세 역내에는 승객들의 참여가 가능하도록 12개의 디지털 빌보드를 설치했다. 승객들이 빌보드에 보이는 Viano에 자동차 키 리모컨을 누르면, 차종과 상관없이 리모컨의 신호에 반응하여 영상 속 Viano의 차 문이 열리면서 다채로운 광경이 펼쳐졌다. 작은 공들이 화면 한가득 쏟아져 나오는가 하면, 여자 보디빌더, 로봇, 스모 선수 등 의외의 사람들이나 물건들이 차 안에서 나왔다. 그중에서도 몇 명은 운 좋게도 차에서 제복을 입은 기사가 나와 탑승하라고 손짓하는 영상을 만났다. 당첨되면 실제로 역 앞에 대기 중인 Viano를 타고 목적지까지 가는 즐거움을 누릴 수 있었다.

디지털 기술을 사용하여 자동차 키 리모컨에 영상이 반응하도록 만들었고, Viano에 실제로 탑승할 수 있는 기회를 주어 일반 시민들에게 재미있는 경험을 선물했다. 옥외광고를 보여 주는 것을 넘어, 사람들이 자신의 자동차 키를 눌러 Viano가 마치 자신의 차인 듯한 느낌을 받게 하고 그중 몇 명은 직접 탑승하도록 한 인터랙티브한 캠페인이었다.

Mercedes-Benz | Lukas Lindemann Rosinski

Germany | 2012

18. Penningtons

홀로그램은 센스쟁이
Penningtons Styled To Surprise

여성들이 옷을 구입할 때는 이 옷이 상대방에게 어떻게 보일까 신경을 많이 쓰게 된다. 자신에게 예쁘게 잘 어울리는지, 그리고 이성의 눈에는 어떻게 보일지 생각하는 것이다.

캐나다의 큰 사이즈 여성 의류 전문 매장인 Penningtons에서는 고민에 빠져 거울을 보고 있을 여성들에게 유쾌한 경험을 선사하는 Styled To Surprise 프로모션을 진행했다. 여성들이 탈의실에서 옷을 갈아입고 나와 커다란 거울 앞에 서서 자신의 모습을 살펴본다. 옷이 전체적으로 잘 어울리는지, 뒷모습은 어떤지 거울을 보며 이리저리 살펴보는 도중 거울 속에서 갑자기 소방관 두 명이 봉을 타고 내려온다. 물론 이들은 홀로그램이며, 거울의 동작 인식 기능에 따라 반응하여 나타난 것이지만 너무나 리얼한 모습으로 여성들을 놀라게 한다.

두 소방관들은 무릎을 꿇고 여성에게 장미꽃을 건네는가 하면, 여성을 서로 차지하기 위해 양쪽에 서서 경쟁한다. 이들의 엉뚱한 행동에 여성들은 황당하고도 재미있다는 표정으로 지켜본다. 소방관들은 여성 고객들의 마음을 행복하게 해 주는 임무를 마친 후 봉을 타고 내려가면서 사라진다. 비록 홀로그램이지만 새 옷을 입어 본 여성 고객들의 자존감을 높여 주고, 행복한 쇼핑 경험을 제공한 프로모션이었다.

19. Renault S.A.

똑똑한 소비자가 바이럴의 주체!
Amsterdam Motorshow

페이스북은 온·오프라인에 걸쳐 친구들 간의 활발한 교류를 도와주는 글로벌 SNS이다. 페이스북 유저들은 자신의 근황을 공개하거나 안부를 주고받는 일에서부터 관심 분야에 대한 최신 정보를 공유하는 등 다양한 활동을 게시한다.

이러한 페이스북의 장점을 파악한 Renault는 네덜란드의 암스테르담에서 열린 AutoRAI 2011 모터쇼에서 RFID card를 이용, 참가자 스스로가 모터쇼의 제품들을 친구들에게 소개하도록 하였다.

전시장을 찾은 참가자들은 Facebook Check-in 데스크에서 자신의 페이스북 계정 정보를 입력하고, RFID card를 발급받았다. 이들은 돌아다니면서 마음에 드

Renault S.A. | Blogmij BV
Netherlands | 2011

는 차량을 보면, 그 앞에 있는 페이스북 기둥에 카드를 댔다. 그러면 실시간으로 그들의 페이스북 계정에 방금 본 차가 공유되면서, 차 모델에 대한 세부적인 정보를 담은 링크도 함께 게시되었다. 이 카드 덕분에 모터쇼를 돌면서 자신이 좋아하는 차량에 대한 정보를 실시간으로 페이스북 친구들과 공유할 수 있었다. 또한 Renault의 25만 명의 참가자가 Renault의 페이스북 페이지에 '좋아요'를 누를 수 있었다.

오프라인 모터쇼에서의 경험을 온라인으로 자연스럽게 확산시켜 소비자들이 스스로 RFID card로 모터쇼의 자동차들 정보가 공유 및 확산될 수 있게 한 바이럴 마케팅이었다.

20. Kia Motors

즐겁게 체험하면 브랜드 이미지가 쑥쑥
Stay Human Movie

소비자가 적극적으로 브랜드 가치를 만들고 공유하는 시대가 되었다. 이제 소비자의 인터랙티브한 체험과 개입은 마케팅에서 필수 요소라 할 만큼 중요해졌다. 소비자는 직접 보고 느끼면서 하는 입체적 체험을 원한다. 2013년도 부산국제영화제 해운대 빌리지의 KIA Human Studio에서 진행된 Stay Human Movie 역시 체험을 제공하는 프로모션이었다.

Studio에 방문한 참가자들은 직접 주인공이 되는 mini movie를 통해 속도에 맞춰 걸으면서 영상에 몰입하게 된다. 각종 상황을 대하다 보면 차선 이탈 경보 시스템이나 LED 램프와 같은 주요 기능이 안전 운전을 도와준다는 간접 체험을 하게 된다. 3D projection mapping 기술로 제작한 영상을 따라 걸으면서 KIA의 핵심 기술력을 이해하게 되는 것이다. 또한 참가자는 자신이 나온 영상을 SNS 계정에 올리고 가장 많은 조회 수를 기록할 경우 경품 제공의 행운까지 누릴 수 있게 된다.

참가자들을 주인공 시점으로 하여 직접 행동하고, 체험하는 가운데 만족감을 높일 수 있도록 기획한 흥미로운 프로모션이었다.

가족, 증강현실로 다시 소통하게 되다
Share the Newspaper with Children

어른들이 매일 아침 읽는 신문도 아이들에게는 어렵게만 보인다. 스마트폰이나 아이패드에 익숙한 요즘 아이들은 전통 방식의 인쇄 매체가 지루할 수밖에 없고 어른이 보는 매체라는 생각에 점점 멀리하게 된다.

어른들도 나름 걱정이 많다. 아이들이 너무 자극적인 것만 좋아하는 것은 아닌지, 사회가 돌아가는 것에는 통 관심이 없는 것 같아 답답하기 때문이다.

TOKYO Newspaper는 이러한 세대 간의 간극을 메워 주고 소통할 수 있도록 해 주는 증강현실 앱을 개발하였다.

2012년에 등장한 'Tokyo AR'은 스마트폰으로 신문을 스캔하면 기사의 제목이

팝업창처럼 뜨거나 귀여운 캐릭터가 움직이며 아이들을 반긴다. 경제나 정치 분야의 어려운 기사들은 아이들이 이해하기 쉽게 다시 풀어 쓴 기사로 나오거나 아이들이 읽기 쉬운 히라가나로 바뀌어 나온다. 어려운 기사는 캐릭터가 나와 이해하기 쉽도록 코멘트도 해 주어 아이들이 신문 내용을 이해하기 쉽게 만들었다. 교육에 관심이 많은 일본에서 큰 인기를 끌었으며, 증강현실 앱 다운로드가 2100% 증가하였다.

부모와 아이가 같은 신문을 읽고 함께 얘기하며 가까워질 수 있도록 소통을 도와준다는 취지도 좋지만, 교육적으로도 상당히 유익한 앱이다. 우리나라처럼 교육열이 높은 나라에서도 좋은 반응을 기대해 볼 만한 서비스다.

22. National Geographic
눈앞에서 공룡을 만나게 된다면?
Augmented Reality Experience for National Geographic Channel

National Geographic Channel을 접한 사람이라면 누구나 지리와 고고학, 인류, 지구 환경, 우주에 관한 다양하고도 아름다운 영상을 보며 감탄한 적이 있을 것이다. National Geographic은 자신들이 전하는 이러한 콘텐츠를 사람들이 독특한 방법으로 체험하고, 공감할 수 있는 프로모션으로 만들고 싶었다.

커다란 스크린 앞, 지정된 위치에 사람들이 서자, 스크린 속의 사람 주변으로 공룡, 돌고래, 우주 비행사 등 다양한 생명체들이 나타난다. 천둥 번개가 치는 자연 환경의 변화도 스크린 속 사람들 주변에 고스란히 표현되었다. 사람들은 증강현실 기술로 생겨난 동물들의 실감 영상에 매료되어 화면 속 표범을 쓰다듬고, 아이들과 함께 우주 비행사를 따라가기도 하며 즐거워한다. 스크린 근처를 지나거나 에스컬레이터를 이용하던 사람들도 신기한 듯 계속 쳐다보면서 웃음 짓는다. 스크린 속 생명체들과 즐겁게 교감하는 사람들을 촬영하는 모습도 목격된다.

비록 진짜는 아니지만 증강현실 기술로 태어난 생명체와 인터랙티브하게 반응하고, 즐거워할 수 있다는 것이 매우 인상적이다.

23. adidas AG

보통 사람들의 마라톤 드라마가 펼쳐진다
adidas The Face of the Marathon

어떤 계획을 세우고 꾸준히 실천에 옮기는 일을 사람들은 흔히 장거리 마라톤에 비유한다. 인내심을 필요로 할뿐더러 페이스를 잘 조절해야만 결승점에 도달할 수 있기 때문이다. 그래서 42.195km라는 거리를 끝까지 포기하지 않고 달린 모든 마라토너들에게는 격려와 찬사의 박수가 쏟아진다.

adidas는 마라토너들이 뛰고 있는 동안 실시간으로 그들의 얼굴 표정을 볼 수 있도록 한 The Face of the Marathon이라는 프로모션을 진행했다.

2011년 독일에서 열린 38th BMW berlin marathon에 참가한 15명의 마라토너들은 얼굴을 비추도록 제작한 특수 캠을 머리에 쓰고 뛰었다. 얼굴 표정은 웹사이

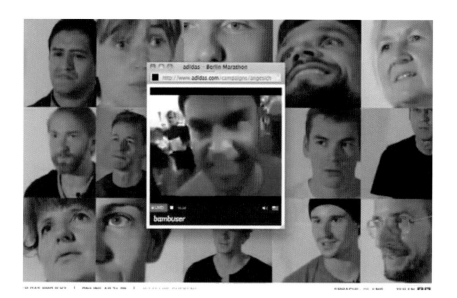

트에서 실시간 생중계되었으며, 얼굴을 클릭하면 인터뷰 자료도 공개되었다. 마라톤 과정에서 겪는 고통과 성취감, 그리고 메달을 받으며 기뻐하는 모습 등 다양한 감정 변화까지 전해지도록 의도한 것이다. 대회를 지켜본 사람들은 새로운 시각에서 마라톤을 관전했고 간접적으로나마 마라톤을 경험하면서 나도 '그들처럼 도전해 보고 싶다'는 생각을 할 수 있었다.

또한 이 대회는 성별과 나이 제한 없이, 희망하는 사람은 누구나 마라톤에 참가해 완주할 수 있음을 보여 주었다. 계속 망설여 왔던 일을 누군가 해냈을 때 우리는 큰 용기를 얻는다. 이 프로모션은 그동안 인생이라는 마라톤에서 좀처럼 용기를 내지 못했던 수많은 보통 사람들에게 강한 도전 정신을 일깨워 주고 있다.

24. Sunshine City Corporation

유쾌한 펭귄 내비게이션
Sunshine Aquarium Penguin NAVI

일본 도쿄에 위치한 '선샤인 아쿠아리움'은 최근 방문객 수가 줄면서 고민에 빠졌다. 시민들의 쉼터 역할을 했던 아쿠아리움이 잊혀질까 안타까웠던 관계자들은 다시 입장객을 불러 모을 대책 마련에 분주해졌다.

광고 홍보 대행사 하쿠호도는 선샤인 아쿠아리움 홍보를 위한 솔루션으로 펭귄 내비를 선보였다. 펭귄 내비는 정류장에서 약 1km 거리의 아쿠아리움까지 안내를 담당하는 스마트폰 어플리케이션이다.

실제로 역에서 내려 '선샤인시티'로 가는 길은 굉장히 복잡하다고 한다. 사용자가 어플을 실행하면 실제 거리를 카메라로 보여 줌과 동시에 스마트폰 화면에 펭귄

이 등장하여 길을 안내해 주기 때문에 목적지까지 재미있게 갈 수 있다.

펭귄 내비는 션샤인 아쿠아리움 근처의 정류장에 배치된 QR 코드를 통해 쉽게 다운로드할 수 있고 지루한 길 찾기가 엔터테인먼트가 된다는 설정으로 인기를 얻었다. 결과는 역시 성공적! 프로모션 시행 후 방문객 수가 152%나 증가했다는 후문이다. 'Penguin NAVI' 광고는 2014 부산국제광고제에서 은상을 수상했고, 2013 칸 국제광고제 모바일 부문에서 은상을 수상했다.

25. LG

진짜보다 더 진짜 같은 경험
LG IPS Monitors Elevator AD

LG전자 영국 법인은 유튜브에 자사의 모니터를 이용해 촬영한 몰래카메라 영상을 올려 제품력을 과시했다. IPS를 선점하려는 LG의 야심이 번뜩이는 광고다.

영상에는 LG IPS(In-Plane Switching) 모니터를 엘리베이터 바닥에 시공하는 모습이 한창이다. 감쪽같이 고급스러운 느낌의 엘리베이터 바닥이 완성되고 승객이 오르자, 진정한 '몰카'가 시작된다.

승객이 내릴 층 버튼을 누른 후 곧 정전이 되더니 굉음과 함께 바닥이 무너져 내린다. 기겁을 한 승객이 구석으로 도망가지만, 이내 속았다는 사실을 알고 어찌 할 바를 모른다. 바닥이 무너져 내리는 영상을 모니터로 구현한 것이지만, 압도적

리얼리티 덕분에 영락없는 사실처럼 다가온다. 숨겨 놓은 카메라는 승객의 놀란 반응까지 여과 없이 담아 당시의 극한(?) 상황이 연극이 아님을 전해 주고 있다. 더불어 어느 위치에서 봐도 문제없는 광 시야각을 자랑하는 IPS(In-Plane Switching) 모니터의 장점을 완벽하게 살려 낸 것이다. 'So real, it's scary(무서울 정도로 진짜 같아)'라는 제목의 1분 50초짜리 동영상은 유튜브에 등록된 후 1개월여 만에 1500만에 육박하는 조회 수를 기록할 정도로 인기를 끌었고 국내는 물론 미국, 캐나다, 네덜란드, 벨기에 공중파 TV 뉴스에서 언급할 정도로 화제를 모았다. "역시 LG!"

TV에 속아도 기분 나쁘지 않은 이유
LG 울트라 HD TV Ultra Reality

LG전자 칠레 법인 마케팅팀은 제품 기능을 직접 설명하는 대신 울트라 HD TV를 접한 사람들의 반응을 이용하기로 했다. '울트라 리얼리티'라는 표현 콘셉트에 맞는 극적인 반응을 끌어내기로 결정한 것.
LG 울트라 HD TV 광고의 핵심 요소는 다음과 같다.

1. 긴장감 조성을 위해 면접장을 배경으로 한다.
2. 운석 충돌이라는 극적인 사건을 설정한다.
3. 바이럴 효과를 노린다.
4. 재미있어야 한다.

평범한 면접 장소가 보이고 면접관의 등 뒤에는 창문으로 가장한(?) LG 울트라 HD TV가 설치되어 있다. 디스플레이에는 자연스러운 바깥 풍경이 펼쳐져 있어, 면접을 보러 온 사람들은 질문에 답을 할 뿐, 전혀 눈치를 챌 수 없다. 이윽고 창밖으로 운석이 떨어지는 장면을 목격한 지원자가 혼비백산하며 벌떡 일어나자 이에 장단을 맞추는 면접관의 연기가 더 볼만하다. 실제 운석이 떨어지는 것으로 착각해 도망치거나 어떤 사람은 욕설도 서슴지 않는 것을 보면 놀란 사람들에겐 미안하지만, 완벽하게 속였다는 짜릿함에 왠지 기분이 좋아진다.

상황이 마무리되고 사무실 불이 켜졌지만 면접 지원자들은 흥분이 채 가시지 않은 듯 어리둥절한 표정이다.

이 동영상이 공개된 직후 유튜브 조회 수는 20,000건을 넘겼고 36시간이 지난 뒤에는 조회 수가 400만에 육박했다. 소비자의 명확한 반응에서 '화질=LG'라는 공식을 직관적으로 추출한 노련함이 탁월하다.

게임에서 이겨야 해, 햄버거가 걸렸다고!
McDonald's Pick n Play

맥도날드는 2011년 스웨덴 스톡홀름에서 '픽 앤 플레이'라는 새로운 발상의 체험형 상업 광고를 선보여 대박을 터뜨렸다. 옥외 매체와 모바일을 연계해 집중을 유도하고 실질적인 혜택도 제공하는 형식인데, 지정된 앱으로 접속해 디지털 빌보드에서 게임을 즐기다 보면 많은 군중이 자연스럽게 참여하게 되는 현장감이 매력이다.

먼저 전광판으로는 간단한 안내와 함께 앱 설명이 진행된다. 그다음 웹 브라우저에서 picknplay.se.를 검색하면 빌보드 주변에서 반응하도록 설계되어 있다.

사용자(닉네임) 및 게임 사용 볼을 선택하고 나면 브라우저 실행 후 빌보드 화면을 보면서 게임에 참여할 수 있다. 경품에 당첨되면 웹으로 전송받은 쿠폰을 이용해 상품을 수령하는 행운도 따른다. 길을 가던 사람들은 누구나 빌보드 전광판을 보고 스마트폰으로 게임에 참여할 수 있다. 아이 어른 할 것 없이 쉽게 군중과 어울릴 수 있다는 점도 인기 요인이다.

맥도날드는 이 아이디어를 통해 위치 기반 현장의 소비자들을 직접 유도하는 성과는 물론, 이벤트 체험 장면을 1분 40초의 임팩트 강한 동영상으로 유포(Viral Marketing)하여 홍보하는 일석이조의 효과를 거두었다.

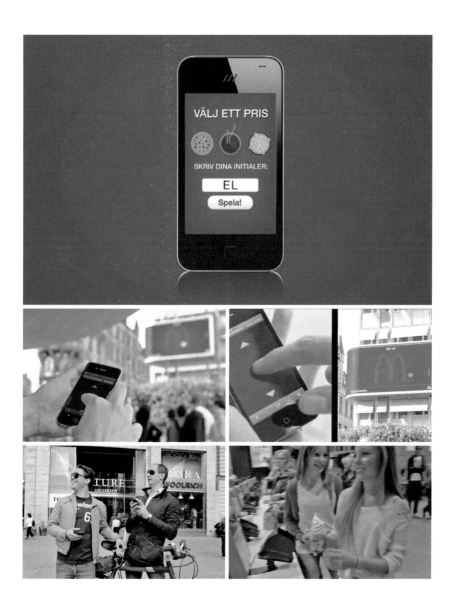

28. Play Station

찌릿찌릿한 전기를 견뎌 봐!
Play Station schokt voorbijgangers.... letterlijk!

Play Station이 게임 홍보를 위해 선택한 유별난 방법을 만나 보자.

네덜란드의 기차역에는 자판기보다 조금 큰 크기의 기계가 설치되어 있다. 기계의 상단에는 ENJOY YOUR POWER라는 문구가 크게 적혀 있고 밑에는 HOLD FOR 5 SECONDS라고 적힌 계기판이 있다. 기계 중앙에 있는 두 개의 구멍에 손가락을 넣고 5초 동안 견디라는 것.

호기심에 손가락을 집어넣자, 곧 전류가 흐르기 시작하고 사람들 대부분은 손을 빼 버리고 만다. 하지만 이를 악물고 '감전'을 버틴 몇 명은 선물을 받고 좋아한다. Play Station은 기계에 손을 넣어 가벼운 전류를 경험하고 느끼게 함으로써 사람

들이 게임 속 캐릭터가 발휘하는 힘의 원천을 이해하도록 한 것이다. 우리는 일상에서 겪은 충격적인 사건을 잘 잊지 못한다. 충격의 강도만큼 뇌리에 오랫동안 기억되기 때문이다. 특히 감전 쇼크는 인체에 즉각적인 반응을 일으킨다는 사실을 감안해 보면 이 짜릿한 프로모션으로 인한 브랜드 인지 효과는 꽤 클 것 같다. 게임의 제1속성은, 이용자가 직접 컨트롤의 주체가 되면서 게임 속 캐릭터와 자신을 동일시하는 데 있다. 충격 요법으로 생성된 강력한 브랜드 인지도는 향후 특정 게임 브랜드에 대한 이들의 친화력을 높이는 데 크게 일조할 것이다.

타깃에게만 노출시키는 방법을 찾아라!
Vodafone Red Light Application

터키 여성 중 3분의 1이 가정 폭력을 경험했다고 한다. Vodafone Red Light Application은 가정 폭력의 위험에 노출되어 있는 여성들을 위해 제작된 특별한 모바일 어플리케이션이다.

이 모바일 앱은 폭력 위협에 시달리는 여성만을 사용 대상자로 한다. 겉으로 보기에는 일반 손전등 앱(Flash Light)이지만 폭력 위험에 노출될 경우 스마트폰을 흔들기만 하면, 미리 지정한 3명의 지인에게 사용자 위치 정보 및 구조 요청 메시지가 전송되도록 만들어졌다. 여성들의 관심사와 이슈를 소개하는 인터넷 방송에서 Red Light 어플리케이션의 사용법을 소개하거나 여성 언더웨어의 라벨, 왁스 스트립을 홍보 매체로 사용해 여성들만 알 수 있도록 했다. 캠페인의 결과는 어땠을까?

스마트폰을 사용하는 25만 명 이상의 터키 여성이 Vodafone의 Red Light 앱을 다운 받았고 1만 3천번 이상 어플리케이션이 활성화되는 큰 호응을 얻었다. 스마트폰만 있으면 쉽게 구조 요청을 보낼 수 있는 모바일 기반의 특별한 '솔루션'이 만든 괄목할 만한 성과다. 터키에서 제작된 Vodafone의 Red Light 앱 캠페인은 2015 칸 국제광고제 미디어 부문에서 그랑프리를 차지했다.

30. T-Mobile

화난 새가 스트레스 풀어 주네
Angry Birds Live

우리는 상상 속 판타지가 실현되는 가정을 하며 짜릿해할 때가 있다. 누군가의 도움으로 그런 일이 가능해진다면 정말 특별한 기억이 될 것이다. 그런데 게임 속 상황을 현실에서 구현하여 주목받은 이벤트가 있다.

가상 세계의 캐릭터와 게임 요소를 현실에서 세트장처럼 그대로 꾸며 놓은 것이 영락없는 게임 인터페이스를 연상케 한다. 참여자로 하여금 최고의 리얼리티와 몰입감을 이끌어 내어 구경하는 이들까지 재미에 푹 빠져들게 했다. 새총을 발사해 성을 허무는 'Angry Birds'는 핀란드 게임회사 로비오가 만든 모바일 게임이다.

2011년 5월 11일, 인기 모바일 게임 Angry Bird가 스페인 바르셀로나에서 열린 T-Mobile의 이벤트를 통해 게임을 현실에서 구현한 것이다.

한 남자가 모바일 화면에서 새총을 힘껏 발사하자 세트장에서 캐릭터 인형이 발사되면서 쌓아 놓은 블록을 무너뜨린다. 하나둘 모인 방문객은 앞다투어 게임에 참여했고 속 시원한 이벤트 현장은 한바탕 축제 분위기로 활력이 가득하다.

북미와 유럽에 서비스를 제공하는 독일의 이동통신 회사인 T-Mobile은 'Life for Sharing' 캠페인의 일환으로 이러한 이벤트를 기획했다.

게임 속 Angry Birds를 디테일하게 재현한 'Angry Birds Live' 촬영 영상은 유튜브를 통해 확산되어 1400만 건 이상의 조회 수를 기록할 정도로 많은 관심을 받았다.

내가 수배범이 된다면? 강렬한 기억은 쉽게 잊히지 않는다
Deo Stresstest

당신이 어느 날 갑자기 수배범 신세가 된다면 어떤 기분이 들까? 당신이 하지 않은 일들이 뉴스와 신문에 보도되고 주변 사람들은 흘깃거리며 쳐다보기 시작한다. 결백을 밝히고 누명을 벗어야겠지만 손을 쓸 수 없을 정도로 일이 커졌다면 난감할 것이다. 니베아 데오는 이런 상황을 꾸미기 위해 독일의 한 공항에서 몰래카메라를 촬영했다. 앉아서 쉬고 있는 탑승객의 얼굴을 몰래 찍어 신문 1면에 나오도록 설정한다. 타깃이 된 사람은 투입된 배우가 읽고 있는 신문에 자신의 얼굴과 기사가 실린 것을 보고는 깜짝 놀란다. 곧이어 수배범의 인상착의를 설명하는 안내 방송이 나온다. 얼핏 들어도 본인에 대해 말하고 있지 않은가. 이번엔 TV에서

긴급 속보까지. 자신의 사진과 함께 경찰이 찾고 있는 위험 인물이라는 내용이다.
같이 방송을 보던 사람들이 웅성거리기 시작하고 몇몇 사람은 아예 자리를 피해
버린다. 이때, 당혹감에 속수무책인 타깃 앞에 경찰이 다가와서는 이렇게 묻는다.
"지금 스트레스를 받고 계신가요?"
경찰은 들고 온 가방을 열어 수갑 대신 신제품 니베아 데오를 꺼내어 선물로 증정
하고 타깃 주변의 사람들은 일제히 박수로 격려한다. 이렇게 식은땀이 나는 상황
에서도 땀 냄새 걱정으로부터 자유롭게 해 줄 수 있다는 제품 특성을 어필한 이
색 프로모션이었다.

직접 체험해 보세요!
Instant V. by Voyages

프랑스의 국립 철도회사에서는 기차표와 공연 표를 함께 예약할 수 있는 이벤트를 마련했다. 그들은 이 사실을 특별한 옥외광고를 통해 사람들에게 알렸는데, Instant V. by Voyages가 그것이다.

거리의 벽면에 커다랗게 생긴 입이 등장했다. 그 입에서 성악가의 노래가 흘러나오자, 사람들이 신기한 듯 입술을 만져 보면서 관심을 보인다. 또 다른 거리에는 흰 천이 커튼처럼 드리워져 있다. "뭐지?" 사람들이 호기심에 천 안쪽을 들춰 보자 벽이 드러난 곳에 사람의 다리가 보인다. 다름 아닌 마릴린 먼로가 출연한 영화 <7년 만의 외출>의 한 장면을 본떠 만든 구조물이었다. 엄마와 함께 장난스럽게 쳐다보던 아이도 웃으며 도망가고, 길을 가던 사람들도 한 번씩 돌아본다. 그런가 하면 등을 보이고 뒤돌아선 남성의 상반신 조각에서 목욕 거품과 물이 뿜어져 나오는 것도 있어 사람들이 서로에게 비누 거품을 튀기며 장난치는 모습을 볼 수 있다.

그 외에 버스 정류장에서 콘서트를 경험할 수도 있다. 버스를 기다리던 사람들이 박자에 맞춰 몸을 움직이며 콘서트장에 온 것 같은 체험을 하도록 한 것이다. 최근 미디어의 발달로 인터랙티브한 광고는 대개 스마트폰을 통해 이루어질 것이라 생각하기 쉽다. 그러나 아날로그 환경에서 사람들이 직접 만지고, 보고, 들으면서 소통하는 것 또한 가능하다는 사실을 확인시켜 준 신선한 프로모션이다.

The leading french travel agency
launches a new offer
Train + show tickets

French National Railway Corporation | TBWA Paris
France | 2014

33. KIA

기아자동차 CSR 프로젝트 공모전
어린이 보행자 중심의 교통 시설물 리디자인

OECD 국가 중 14세 이하 어린이 교통사고 사망률 1위는 대한민국이라는 보고가 있다. 어린이 보행자 사고는 횡단보도 시작 부분이 62%로, 횡단보도 중간 부분인 38%보다 약 2배 높다. 또 어린이 신호 위반 무단 횡단은 76%로 정상 보행의 약 3배, 운전자 신호 위반 전방 주시 태만율은 74%로 32%의 다른 기타 이유들보다 2배 이상 많다는 결과도 있다.

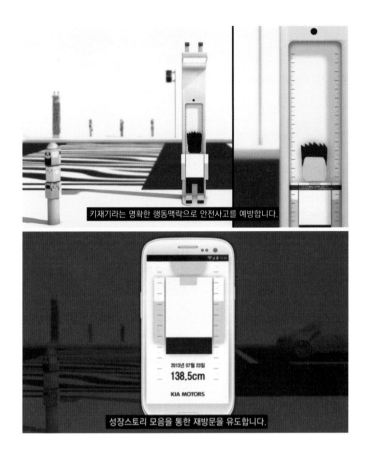

키재기라는 명확한 행동맥락으로 안전사고를 예방합니다.

2013년 07월 23일
138.5cm
KIA MOTORS

성장스토리 모음을 통한 재방문을 유도합니다.

기린 키재기 키오스크형 볼라드는 신호등이 빨간불로 바뀔 때 아이가 발판 위로 올라서며 화면을 터치하게 된다. 사진을 찍고 본인의 키를 확인한 후 스마트폰 전송을 마치면 탭 팝업을 볼 수 있게 했다. 최종적으로 키 정보 및 사진을 저장하게 되는데, 이는 키 재기라는 참여 과정이 사고를 막아 주고 '성장 스토리'가 재방문 유도 효과까지 높여 줄 것으로 생각된다. 또한 어린이 대공원 아이덴티티를 적용하여 랜드마크로 인식되도록 했으며 '지루했던' 횡단 대기 시간을 즐거운 시간으로 바꿔 주었다.

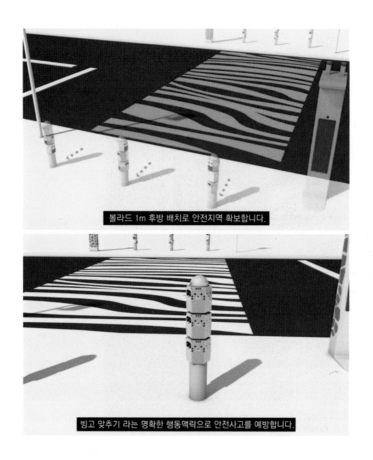

볼라드 1m 후방 배치로 안전지역 확보합니다.

빙고 맞추기 라는 명확한 행동맥락으로 안전사고를 예방합니다.

동물 빙고 볼라드는 고탄성 우레탄 단일 재질의 80cm 볼라드로 교체해 시인성 강화와 함께 충돌 시 완충력을 가지도록 했다.

기존의 횡단보도가 시각적 안정감을 고려한 직선 패턴이었다면 얼룩무늬 횡단보도는 불규칙 패턴으로 오히려 시각적 불안감을 조성하여 운전자 스스로 속도를 줄이도록 했다.

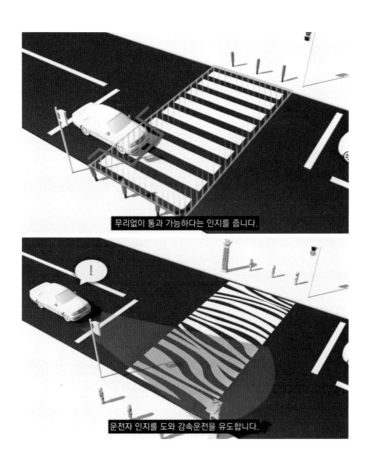

무리없이 통과 가능하다는 인지를 줍니다.

운전자 인지를 도와 감속운전을 유도합니다.

KIA | 문동욱, 김민, 박재한, 이경일, 한민지
Korea | 2013

이런 디자인은 경제성과 함께 가로 환경의 조형적 질도 높일 수 있는 대안으로 평가받는다. 또한 따뜻한 도로 분위기 및 보행자 중심 도로 환경 구축이 가능하다는 장점 때문에 많은 호응이 따를 것으로 기대된다.

SKT의 스마트폰을 바르게 잘 사용하는 방법
TETOX

우리나라 스마트폰 보급률은 67.6%로 세계 1위를 차지한다. 세계 평균인 14.8%과 비교하면 4.6배 많은 수치다. 특별한 이유가 없어도 스마트폰을 자주 확인하느냐는 설문에 매우 그러함이 26.2%, 그러함이 51.2%를 차지함으로써 과반수의 응답자가 스마트폰 중독 소견을 보였다.

디지털 중독은 이미 심각한 사회 문제로 인식되고 있다는 점을 감안, SKT는 사람 간의 만남과 행동을 확대하는 차원에서 T-WORLD와 DIGITAL DETOX의 결합 TETOX를 제안했다. TETOX는 '잠시 놓아 두셔도 좋습니다'라는 캐치프레이즈를 설정, 과거 SKT의 '잠시 꺼 두셔도 좋습니다' 캠페인과 연계성을 느끼도록 했다.

첫 번째 WIFI 단계로 와이파이를 연결해 티톡스를 시작한다.

두 번째 SHARE는 함께하는 친구들에게 티톡스를 공유하는 단계다.

세 번째 INTERACT 단계로 공유받은 티톡스를 시작하게 된다.

카페의 메뉴들을 확인한뒤 주문 합니다

함께 모아놓은 스마트폰을 이용해 게임을 시작 합니다

티톡스는 상대방과의 자연스러운 대화를 유도하고 카페 등 공공장소에서 메뉴를 고르는 것으로 시작해 함께 시간을 보낼 수 있는 방법을 제안한다. 메뉴 선택 후에는 보드게임도 가능하다. 부르마블 같은 보드게임을 카페에 방문한 사람들과 함께 즐길 수 있는 것이다.

스마트폰을 만지는 시간을 줄임으로써 사람과 더욱 가까워진다는 의도가 매력적이다. 함께 티톡스에 참여하며 상대방과 대화를 하고 즐거운 시간을 보내 보자.

참고문헌

19p 그림1

유통경제연구소,『쇼퍼 마케팅』제일기획, 2012, P. 156.

25p 표1

제일기획, 2013, 01 사보 재인용.

27p 그림2

요코야마 류지,『트리플 미디어 전략』흐름출판, 2011, p. 226(재구성).

35p 실행 능력 중심의 조직구조

http://www.slideshare.net creative lab-'디지털 시대에 탄생한 뉴 타입 에이전시'

p. 22 인용 재구성.

55p   Liquid & Linked Content

https://www.youtube.com/ 'Coca-Cola Content 2020 Initiative Strategy' 인용 재구성.

66p 데스크 리서치(Desk Research)

윤병문·송효식·이석로·손상득·유경원·오동우,『서비스 디자인컨설팅 활용 가이드북』한국
디자인진흥원, 2012, pp. 5-6.

67p 친화도법(Affinity Diagram)

한국디자인진흥원,『SERVICE DESIGN TOOLKIT』한국디자인진흥원, 2012, pp. 51-54.

68p 섀도잉(Shadowing)

벨라 마틴·브루스 해닝턴,『디자인 방법론 불변의 법칙 100가지』고려문화사, 2013, p. 158.

69p 심층 인터뷰(In-depth Interview)

정승혜,『광고 연구의 질적 방법론』커뮤니케이션북스, 2015.

70p 고객 유형 분석

윤병문·송효식·이석로·손상득·유경원·오동우,『서비스 디자인컨설팅 활용 가이드북』한국
디자인진흥원, 2012, pp. 18-25.

71p 타깃과 퍼소나

윤병문·송효식·이석로·손상득·유경원·오동우,『서비스 디자인컨설팅 활용 가이드북』한국디
자인진흥원, 2012, pp. 55-59.

72p 고객여정지도

윤병문·송효식·이석로·손상득·유경원·오동우, 『서비스 디자인컨설팅 활용 가이드북』, 한국
디자인진흥원, 2012, pp. 3-9.

73p 연애 편지, 작별 편지(The Love Letter & The Breakup Letter)

벨라 마틴·브루스 해닝턴, 『디자인 방법론 불변의 법칙 100가지』, 고려문화사, 2013, p. 114.

74p 이미지 분석

윤병문·송효식·이석로·손상득·유경원·오동우, 『서비스 디자인컨설팅 활용 가이드북』, 한국
디자인진흥원, 2012, pp. 22-24.

75p 브레인스토밍

벨라 마틴·브루스 해닝턴, 『디자인 방법론 불변의 법칙 100가지』, 고려문화사, 2013, p. 22.

76p 케이제이 기법 (KJ Technique)

벨라 마틴·브루스 해닝턴, 『디자인 방법론 불변의 법칙 100가지』, 고려문화사, 2013, p. 104.

76p 시나리오 작성

벨라 마틴·브루스 해닝턴, 『디자인 방법론 불변의 법칙 100가지』, 고려문화사, 2013, p. 152.

78p 스토리보드

벨라 마틴·브루스 해닝턴, 『디자인 방법론 불변의 법칙 100가지』, 고려문화사, 2013, p. 170.

79p 프로토타입

벨라 마틴·브루스 해닝턴, 『디자인 방법론 불변의 법칙 100가지』, 고려문화사, 2013, p. 138.

80p 블루프린트

UX club - Design, The Smart World : http://www.uxclub.co.kr/67

81p 영상물 제작

광고는 감동이다 : http://adad114.tistory.com/119

82p 트리플 미디어 플래닝

Digital Marketing Curation : http://www.thedigitalmkt.com/triplemedia_5viewpoint/

83p 효과분석 측정

박원기·오완근·이강원, 『광고 효과와 매체 계획 : 계량적 관점』, 커뮤니케이션북스,
2010, p. 6, 45, 67.

혁신의 시대 새로운 커뮤니케이션 마케팅을 위한

이노베이티브 광고

초판 1쇄 인쇄 | 2016년 10월 20일
초판 1쇄 발행 | 2016년 10월 25일

지 은 이 | 박승배·김일석·나진헌·백주연

펴 낸 이 | 김호석
펴 낸 곳 | 도서출판 대가
편 집 부 | 박은주
마 케 팅 | 이근섭, 오중환
관 리 부 | 김소영
디 자 인 | 김민혜, 김효남

등   록 | 제311-47호
주   소 | 경기도 고양시 일산동구 장항동 776-1 로데오 메탈릭타워 405호
전   화 | (02)305-0210 / 306-0210 / 336-0204
팩   스 | (031)905-0221
전자우편 | dga1023@hanmail.net
홈페이지 | www.bookdaega.com

ISBN   978-89-6285-161-8 93320

ⓒ 2016, 박승배·김일석·나진헌·백주연

■ 파손 및 잘못 만들어진 책은 교환해 드립니다.
■ 이 책의 무단 전재와 불법 복제를 금합니다.
■ 이 도서의 국립중앙도서관 출판예정도서목록(CIP)은 서지정보유통지
  원시스템 홈페이지(http://seoji.nl.go.kr)와 국가자료공동목록시스템
  (http://www.nl.go.kr/kolisnet)에서 이용하실 수 있습니다.
  (CIP제어번호 : CIP2016022930)